智元微库
OPEN MIND

成 长 也 是 一 种 美 好

企业合规管理系列丛书

企业刑事
合规
实战入门

黄　勇　韩　颖　曹远泽　蒋冬子————　著

人民邮电出版社

北京

图书在版编目（ＣＩＰ）数据

企业刑事合规实战入门 / 黄勇等著. -- 北京：人民邮电出版社，2024.4
（企业合规管理系列丛书）
ISBN 978-7-115-63720-8

Ⅰ．①企… Ⅱ．①黄… Ⅲ．①企业法－研究－中国②刑法－研究－中国 Ⅳ．①D922.291.914②D924.04

中国国家版本馆CIP数据核字(2024)第033159号

◆ 著 黄 勇 韩 颖 曹远泽 蒋冬子
责任编辑 黄琳佳
责任印制 周昇亮

◆人民邮电出版社出版发行　　北京市丰台区成寿寺路 11 号
邮编 100164　电子邮件 315@ptpress.com.cn
网址 https://www.ptpress.com.cn
涿州市京南印刷厂印刷

◆开本：720×960　1/16
印张：18.75　　　　　　　2024 年 4 月第 1 版
字数：250 千字　　　　　2024 年 4 月河北第 1 次印刷

定　价：79.80 元

读者服务热线：（010）67630125　印装质量热线：（010）81055316
反盗版热线：（010）81055315

广告经营许可证：京东市监广登字 20170147 号

编 辑 委 员 会

CONTENTS 目 录

第一章　企业合规、企业刑事合规、涉案企业合规

一、基本概念与相互关系　　　　　　　　　　　　　3

二、涉案企业合规制度发展现状与趋势　　　　　　　5

三、涉案企业合规的社会效果　　　　　　　　　　　11

第二章　涉案企业合规适用条件与申请流程

一、适用条件　　　　　　　　　　　　　　　　　　19

二、申请流程　　　　　　　　　　　　　　　　　　22

三、相关文书参考样式　　　　　　　　　　　　　　25

第三章　刑事强制措施的变更与复工复产

一、对涉案人员的强制措施变更为非羁押类强制措施　41

二、对涉案企业的财产解除查封、扣押、冻结　　　　46

三、涉案企业复工复产　　　　　　　　　　　　　　50

四、相关文书参考样式　　　　　　　　　　　　　　54

第四章　涉案企业与第三方组织、司法机关的良性互动

　　一、第三方组织及其工作职责　　　　　　　　　　61

　　二、检察机关指导合规工作及其工作方式　　　　　72

　　三、律师代表企业与第三方组织、检察机关展开良性互动　　74

　　四、相关文书参考样式　　　　　　　　　　　　　80

第五章　律师对涉案企业的尽职调查

　　一、主要内容　　　　　　　　　　　　　　　　　89

　　二、调查流程、方法与注意事项　　　　　　　　　90

　　三、合规尽职调查报告撰写要点　　　　　　　　　96

　　四、相关文书参考样式　　　　　　　　　　　　　102

第六章　高质量的合规计划书

　　一、涉案企业合规可行性分析　　　　　　　　　　137

　　二、涉案企业合规风险点分析　　　　　　　　　　141

　　三、合规整改方案　　　　　　　　　　　　　　　145

　　四、企业合规给公司带来的影响　　　　　　　　　154

　　五、相关文书参考样式　　　　　　　　　　　　　157

第七章　合规计划书有效执行

　　一、内部控制机制　　　　　　　　　　　　　　　161

　　二、专项内部控制机制　　　　　　　　　　　　　165

　　三、相关文书参考样式　　　　　　　　　　　　　　　190

第八章　第三方组织对涉案企业合规整改的验收

　　一、验收事项及验收前的准备工作　　　　　　　　　203

　　二、涉案企业在现场验收中的注意事项　　　　　　　206

　　三、相关文书参考样式　　　　　　　　　　　　　　207

第九章　合规不起诉

　　一、检察机关组织听证程序　　　　　　　　　　　　273

　　二、检察机关对涉案企业作出结论的类型　　　　　　277

　　三、涉案企业争取不起诉决定的相关工作　　　　　　286

　　四、相关文书参考样式　　　　　　　　　　　　　　287

附录　涉案企业合规相关司法文件汇总　　　　　　　　290

第一章

企业合规、企业刑事合规、涉案企业合规

在合规法律实务中，经常用到企业合规、企业刑事合规、涉案企业合规三个概念。关于这三个概念的关系，理论上存在不同观点。一般认为，企业合规需要多个维度的法律保障机制，如刑事合规机制、民事履约合规机制、行政监管合规机制、反制裁合规机制等。可见，企业合规是一个多面体，而企业刑事合规、涉案企业合规是企业合规的最基本要求。具体到企业刑事合规与涉案企业合规，理论界存在不同解读，企业合规法律实务工作者经常混用这两个概念，导致实务表述混乱，因此，我们有必要将其厘清。

一、基本概念与相互关系

企业合规是指企业在经营过程中遵守法律、法规、行业规范和内部规定的要求，确保企业行为合法、合规的一种管理机制。它关注的是企业在商业运作中的合法性、道德性和透明度，旨在保护企业的声誉、降低法律风险、提高运营效率。合规作为一种经营风险监管措施，最早发端于西方银行业，而后扩展至其他行业，逐渐成为现代企业健全内部治理与风险控制的基础方法，但直至20世纪90年代前，合规问题一直是一个非刑事领域的问题。

企业刑事合规作为企业合规管理体系建设的重要、特殊部分，目前尚无统一概念。南京大学孙国祥教授认为，企业刑事合规是指为避免因企业或企业员工相关行为给企业带来刑事责任，国家通过刑事政策上的正向激励和责任归咎，推动企业以刑事法律的标准来识别、评估和预防公司的刑事法律风险，制定并实施遵守刑事法律的计划和措施。笔者认为，企业刑事合规是企业以避免、减少员工或企业刑事犯罪及其法律责任等带来的利益损害风险为目的，以国家监管法规、刑事法律及政策为依据，建立的一套符合监管要求的管理制度。

为贯彻落实最高人民检察院等九部门联合印发的《关于建立涉案企业合规

第三方监督评估机制的指导意见（试行）》，中华全国工商业联合会等九部委研究制定了《涉案企业合规建设、评估和审查办法（试行）》。根据该办法，涉案企业合规建设，是指涉案企业针对与涉嫌犯罪有密切联系的合规风险，制定专项合规整改计划，完善企业治理结构，健全内部规章制度，形成有效合规管理体系的活动。结合办理涉案企业合规的经验，笔者认为，涉案企业合规制度是指涉嫌刑事犯罪的企业在自愿认罪认罚、承诺开展合规建设的前提下，人民检察院依托第三方监督评估机制对符合条件的涉案企业或单独对小微企业的合规整改计划及相关合规管理体系的有效性进行了解、评价、监督和考察的司法制度。对于符合有效性标准的，人民检察院可以参考评估意见依法作出不批准逮捕、变更强制措施、不起诉的决定，提出从宽处罚的量刑建议，或者向有关主管机关提出从宽处罚、处分的检察意见，人民法院可以建议人民检察院撤回起诉、重作不起诉决定或者判决免予刑事处罚，对于案情重大、影响恶劣、合规整改不足以完全消除犯罪影响的案件，酌情在法定刑以下判处有期徒刑或者适用缓刑。

进入 21 世纪，出于国际社会对企业刑事合规制度所蕴含的现代治理理念的高度认同，以及对企业刑事合规制度具有保障"惩防并举、预防为主"刑事政策落地功能的深刻领悟，众多国家在刑事立法中创设企业刑事合规制度，企业合规概念也因此日益脱离原来单纯的企业治理语境下管控违规风险以避免民事责任、行政处罚及信誉损失的传统意境，升级为体现国家致力于与企业形成"合作预防"治理格局的全新制度设置，以致在当代语境下，言及企业合规已主要意指企业刑事合规。可以说，企业刑事合规不是传统企业合规的翻版，更不是传统企业合规的分支，而是传统企业合规的高级发展形态。企业刑事合规既吸纳了传统企业合规中"守法自我监管"这一宝贵要素，又赋予了其更深刻的政策目的。

企业刑事合规与涉案企业合规既有联系又有区别。二者的联系表现为：第一，二者都通过企业内部的合规措施、计划，促使企业不触犯刑法，避免被定罪，防止企业商誉受到重大不利影响，防止企业经营陷入困境。第二，从犯罪预防的角度来说，二者均体现了国家和企业合作治理犯罪的模式，有助于节约国家治理犯罪的成本，有利于节约司法成本。二者的区别表现为：第一，二者发生的时间点不同。涉案企业合规主要发生在企业涉嫌刑事犯罪后，而企业刑事合规可以在事前预先制定相应的刑事合规方案和措施，或在涉案处理过程中构建刑事合规，或在刑事案件处理后进行刑事合规等制度构建。第二，二者参与的主体不同。涉案企业合规由涉案企业、检察机关和第三方监督评估组织等主体参与，是企业内部治理和外部监督结合的方式；企业刑事合规主要是在企业内部开展的计划、措施，并不必然涉及外部的监督机构。第三，二者实施的结果不同。涉案企业合规带来的直接结果是企业有效合规整改后，企业得到检察机关宽缓处理的结果；企业刑事合规更多在于避免企业在日常经营管理活动中触犯刑法，避免犯罪。

二、涉案企业合规制度发展现状与趋势

涉案企业合规制度实施近 3 年以来，不断释放司法红利，引起了广泛的社会反响。2022 年 4 月 2 日，全国检察机关全面推开涉案企业合规改革试点工作部署会在北京召开。截至 2022 年 12 月，全国检察机关累计办理涉案企业合规案件 5150 件，其中适用第三方监督评估机制案件 3577 件（占全部合规案件的69.5%），较 2022 年 4 月初全面推开时分别新增 3825 件、2976 件。

（一）相关规定

目前，我国涉案企业合规的相关规定主要包括《关于开展企业合规改革试点工作方案》《关于建立涉案企业合规第三方监督评估机制的指导意见（试行）》

《〈关于建立涉案企业合规第三方监督评估机制的指导意见（试行）〉实施细则》和《涉案企业合规建设、评估和审查办法（试行）》等。上述规范性文件为涉案企业合规的制度化、规范化提供了有力的制度保障。

（二）时间脉络

具体来看，我国涉案企业合规工作发展时间脉络如下。

2020年3月，最高人民检察院开始在上海市浦东新区人民检察院、上海市金山区人民检察院、江苏省张家港市人民检察院、山东省临沂市郯城县人民检察院、深圳市南山区人民检察院、深圳市宝安区人民检察院开展企业合规改革第一期试点工作。

2020年11月，最高人民检察院决定成立企业合规问题研究指导工作组，统筹推进企业合规问题的理论研究和实务指导，确保相关工作严格依法、稳妥有序开展。

2020年12月，中央委员会委员张军主持召开企业合规试点工作座谈会，听取前期试点单位的工作情况汇报以及专家学者、企业代表的意见建议，对下一步依法有序开展试点工作作出部署要求。

2021年4月，伴随《关于开展企业合规改革试点工作的方案》下发，最高人民检察院于北京、辽宁、上海、江苏、浙江、福建、山东、湖北、湖南、广东等10个省（直辖市）正式启动第二期企业合规改革试点工作，具体试点单位由上述省级人民检察院自行确定，试点范围扩展到62个市级人民检察院、387个基层人民检察院。

2021年6月，最高人民检察院、司法部、财政部、生态环境部、国务院国有资产监督管理委员会、国家税务总局、国家市场监督管理总局、中华全国工商业联合会、中国国际贸易促进委员会发布《关于建立涉案企业合规第三方监督评估机制的指导意见（试行）》，推进企业合规改革试点工作中建立健全涉案企业合规第三方监督评估机制。

2021 年 6 月，最高人民检察院举办"依法督促涉案企业合规管理 将严管厚爱落到实处"新闻发布会，发布第一批企业合规改革试点典型案例。

2021 年 9 月，最高人民检察院等九部门共同成立第三方监督评估机制管委会，承担对第三方监督评估机制的宏观指导、具体管理、日常监督、统筹协调等职责，并充分发挥律师协会、注册会计师协会等在企业合规领域的积极作用，形成改革合力。

2021 年 11 月，中华全国工商业联合会等九部门联合发布《〈关于建立涉案企业合规第三方监督评估机制的指导意见（试行）〉实施细则》和《涉案企业合规第三方监督评估机制专业人员选任管理办法（试行）》，保障第三方机制规范有序运行。

2021 年 12 月，最高人民检察院等九部门正式组建了国家层面第三方机制专业人员库，发挥带头示范作用，探索解决各地区专业人员分布不均衡问题，为第三方机制规范有序运行提供有力人才保障。

2021 年 12 月，最高人民检察院发布第二批企业合规典型案例，该批案例以适用第三方监督评估机制为重点，着力反映企业合规流程、第三方机制的启动与运行、合规整改效果、检察机关的主导作用以及典型意义等。

2021 年 12 月，涉案企业合规第三方监督评估机制管理委员会在北京召开第三方监管人座谈会，要求合力推进第三方监督评估机制规范有序运行，把各项工作做得更深更实更细。

2022 年 4 月，在深入总结两年来检察机关涉案企业合规改革试点工作情况基础上，涉案企业合规改革试点在全国检察机关全面推开。

2022 年 4 月，中华全国工商业联合会等九部门联合下发《涉案企业合规建设、评估和审查办法（试行）》，为涉案企业合规整改提供了标准指引，进一步规范了第三方监督评估机制工作的有序开展，保障涉案企业合规建设、评估和审查有据可依。

2022 年 6 月，企业合规第三方监督评估工作推进会发布《涉案企业合规第三方监督评估机制建设年度情况报告》，涉案企业合规第三方监督评估机制的"四梁八柱"基本确立。随着人力资源和社会保障部、应急管理部、海关总署、中国证监会的加入，涉案企业合规第三方监督评估机制管理委员会指导力量进一步加强、监督评估领域进一步拓宽。

2022 年 7 月，最高人民检察院发布第三批涉案企业合规典型案例。该批典型案例充分考虑大中小微不同企业类型合规特点，既有针对大中型企业开展的专项合规，也有对小微企业开展的简式合规，典型案例更具代表性。

2023 年 1 月 8 日，全国检察长会议召开。2022 年全年检察机关共办理涉案企业合规案件 5150 件，对整改合规的 1498 家企业 3051 人依法不起诉。

2023 年 1 月 16 日，最高人民检察院发布第四批涉案企业合规典型案例。该批典型案例充分考虑大中小微以及中外合资、外资等不同企业类型合规特点，于近期办理完成的案例中选出。

（三）发展趋势

2023 年 3 月 23 日，最高人民法院院长张军在全国法院学习贯彻全国两会精神电视电话会议上指出，人民法院可以研究同检察机关共同做好涉案企业合规改革。各地法院、检察院也积极探索深化涉案企业合规改革，强调发挥人民法院在涉案企业合规改革体系中的职责和地位。4 月 11 日，江苏省高级人民法院、江苏省人民检察院联合印发《关于加强涉案企业合规工作协同协作的座谈会纪要》（以下简称《座谈会纪要》）。《座谈会纪要》不仅为涉案企业提供了将合规整改延伸至审判阶段等"新机遇"，也率先明确了法院、检察院在协同推进涉案企业合规改革工作中的工作原则与具体要求，为涉案企业合规整改提供了新思路。

《座谈会纪要》共 10 条规定，除重申在审查起诉阶段，检察院对涉案企业合规整改承担的职责外，还从量刑、程序衔接与法院审查等角度为企业提供了三项新机遇：（1）落实酌定从宽处罚；（2）延伸合规整改阶段；（3）法庭将对合规情况进行实质化审理。根据《座谈会纪要》的规定，对于涉案企业而言，如果在检察机关审查起诉阶段没有进行合规整改，当案件进入审判阶段后，其依然有机会申请进行合规整改，从而更进一步争取免予刑事处罚或者其他有利处理结果。从当前的刑事合规实务趋势来看，检察机关和审判机关在企业合规中的联动审查，无疑对涉案企业合规整改提出了更高的标准。涉案企业合规整改的可行性、有效性和全面性将受到检察机关和审判机关的双重审查。在这样的法律政策背景下，涉案企业构建合规整改方案时，如何将《座谈会纪要》的原则性规定融入迎接新机遇的现实挑战中，是一项极其复杂的系统性工程。根据笔者的企业刑事合规经验，从实操的角度而言，涉案企业合规整改方案的搭建除了遵循既往规则，也需要考虑新思路。

1. 多维度夯实合规整改的可行性

涉案企业合规整改，关键在于企业内部对合规整改方案的执行力。从合规制度的内部执行路径上看，它需要涉案企业构建决策层、管理层和执行层三方协调的机制，自上而下地保证合规整改方案的有效执行。具体而言，一方面，如果合规整改方案的制定与实施忽视执行层的反馈、建议、汇报，则会导致顶层制度设计严重脱离复杂多变的实践环境，使合规整改方案形同虚设；另一方面，如果过度放大执行层的职能与权限，则会导致决策丧失客观性、科学性、全面性，难以发挥刑事合规的效能。因此，除了使合规整改方案与企业合规文化、商业目标在源头上进行有效适配，企业还应当从决策层的议事决策开始，通过企业治理流程逐级向下传递企业及顶层决策者的合规整改要求，特别关注不同层级对合规整改方案的理解与认可程度，并及时根据商业环境、政策导向、行业动态、业务变化、实践反馈等调整合规整改方案，从而保证企业各个层级的执行力。

另外，无论是企业各部门，还是同一部门内部人员的协调，都是影响公司治理的重要因素，任何一部分的缺失都会使合规整改方案的可行性大打折扣。例如，在人事管理中，企业对于敏感岗位在劳动用工规范中配置了合规要求，但在财务管理中，若对财务部门缺失配套的合规要求，则会导致各部门的合规要求无法协同运作，使企业合规整改的目的无法实现。因此，企业还应当结合各部门、同一部门各岗位的风险特征，设置全面融入刑事合规元素的合规机制，提升合规整改方案的可行性。

2. 全流程强化合规整改的有效性

合规整改的有效性始终是刑事合规的关注重点，而"有效性"的判断，包含三个逻辑层次：

层次一：对具体涉罪事项进行整改，确保具体涉嫌犯罪的经营管理行为被纠正，该涉罪环节中的风险被全面控制，不会出现风险结果恶化的可能。

层次二：对企业治理结构进行整改，确保涉案企业能够建立合规的内部决策、授权、审批、执行、监督等机制，填补企业治理漏洞，从源头上消除风险。

层次三：对其他潜在风险进行识别，排查是否存在其他潜在风险以及相关风险的等级和程度，并采取相应的合规举措，防止出现其他危害后果。

在制定具体的合规整改方案时，一方面，企业在合规整改方案设计、刑事风险识别、涉刑风险评估等风险预防措施上，既要以刑事法律为基础，分析类案风险控制思路，在同类风险样态中汲取过往经验，又要将企业业务经营、内部管理和文化培育等自身特征作为内核，融入刑事合规机制；另一方面，从刑事风险合规控制的角度来看，企业在制定风险控制机制和风险处理机制时，应将刑事实体与程序要素贯穿于企业内部治理和经营管理的全流程，严格遵循刑事诉讼标准与刑事合规要求，从而确保合规整改方案的有效实施。

3. 多环节贯彻合规整改的全面性

企业合规整改作为一项全面的系统性工程，既需要针对特定的涉罪环节有的放矢，也需要将其始终贯穿于企业治理的各个方面。

具体而言，除了针对涉罪事项的合规纠错机制，在常规治理活动中，企业也应当在公司治理框架的搭建、经营方针的制定与实施、业务引入与对接、部门管理与人员管理等活动中，在准确识别和预判风险的基础上，将相应的刑事合规元素融入风险监测、风险控制与风险处理机制的全过程。

值得注意的是，企业所处行业、业务领域、企业文化等因素极易导致企业在特定的薄弱环节出现刑事风险。对此，除在上述常规治理活动中融入刑事合规元素外，还应以风险导向为原则，设计具有针对性的刑事合规机制。这就意味着企业还应将识别、更新、归纳本行业及本企业常见的刑事风险样态作为企业刑事合规的常态化工作，全面评估风险起因、风险等级与风险后果，并依此制定更具针对性的合规整改方案。

目前多地法院、检察院均在协同探索涉案企业合规改革的实施路径，随着《座谈会纪要》的颁布，法检合作开展涉案企业合规改革将成为常态。对于涉案企业而言，准确把握法检联动背景下企业合规改革的新机遇，尽快落实涉案企业合规整改的新思路，才能充分发挥企业刑事合规的功能与价值，从而争取有利的案件处理结果。

三、涉案企业合规的社会效果

2022年4月，最高人民检察院将合规改革试点的范围扩大到全国各地检察机关。截至2022年12月，全国各地检察机关累计办理涉案企业合规案件5150件，其中适用第三方监管评估机制案件3577件，对整改合规的1498家企业、3051人依法作出不起诉决定。法院方面，2023年上半年，全国法院共办理涉企合规案件 508 件，其中，一审阶段涉企合规案件 495 件，二审阶段涉企合规案件 13 件。分布区域包括我国所有的省、自治区及直辖市法院。

市场经济本质属于法治经济，市场经济离不开法治，法治是确保营商环境的强制力后盾。在这样的背景下，国家经济要发展，企业要壮大，必须重视法律在企业管理中的地位，只有将"依法治企"思想落地，才能确保企业少走歪路，降低企业和企业家的法律风险。国家相关部门在几年以前就针对央企出台了合规管理指南，但总体上来说，我国在法律层面上对企业合规的倡导和规定尚待完善，社会也尚未形成比较浓厚的企业合规文化。我国引入国外的企业合规法律制度，往往是实务部门先行，试点总结经验，再全国铺开，用法律形式确定下来，上升为国家意志。

目前，我国在涉案企业刑事合规问题上，普遍通过相对不起诉或轻缓的方式对涉案企业及自然人从宽处理。国家意在通过涉案企业刑事合规，通过刑事政策上的正向激励和责任归咎，推动企业以刑事法律的标准来识别、评估和预防公司的刑事风险，制定并实施遵守刑事法律的计划和措施，对企业的生产、经营行为进行规范化监管。

如果涉案企业采取合规整改，就能够在检察机关或者第三方组织的监督下，通过制订和实施合规计划，建立健全预防违法犯罪的合规管理体系，使司法机关对涉嫌单位犯罪的企业或者实际控制人、经营管理人员、关键技术人员等涉嫌实施与企业生产经营活动密切相关的犯罪的主体，作出不起诉决定或者宽缓处理。如此一来，可以充分调动企业实际控制人及相关人员进行合规整改的积极性并在之后合规经营，与此同时，企业在合规整改过程中，势必对其管理制度进行科学论证、严肃整改，这在一定程度上消除了企业管理上的制度漏洞和隐患，对企业再次犯罪进行了有效的预防。由此可见，涉案企业刑事合规在强化企业管理层内部控制机制、促进涉案企业守法经营、预防再犯的同时，有助于警示其他企业建立合规经营长效机制，从而使企业"活下来""留得住""经营得好"。

在最高人民检察院发布的企业合规改革试点典型案例"张家港市L公司、张某甲等人污染环境案"中，通过开展合规建设，完善企业完备的生产经营、财务管理、合规内控的管理体系，L公司不仅获得了检察机关的不起诉决定和免予行政处罚的检察意见；还实现了快速转型发展，改变了企业野蛮粗放的发展运营模式，企业管理层和员工的责任感明显提高，企业抵御和防控经济风险的能力得到进一步增强，2021年L公司一季度销售收入同比增长275%，缴纳税金同比增长333%，成为所在地区增幅最大的企业。

【律师点评】

在企业设立之初以及整个生产经营过程中，企业及企业负责人都要重视刑事法律风险。如果没有远虑，必有近忧。企业及企业负责人应提前考虑具体业务活动是否合规合法，经营活动中存在哪些潜在的刑事法律风险及如何加以防控，当这些刑事法律风险出现后该以何种方式加以应对和化解等问题。

【办案心得】

对律师在企业刑事合规中的作用，笔者简单归纳总结如下。

（1）**具体业务活动合规性、合法性审查**

市场经济在承认和尊重市场主体的意志自主性的同时，也有很多规范市场主体经营行为的规则，并会对不遵守规则的行为加以制裁。国家对市场主体经营行为进行监管和规制的法律法规极多，并且不断发展和变化。

律师帮助企业对具体业务活动的合规性、合法性进行事前审查，是为了帮助企业及企业负责人避免因无知而触碰刑事法律，从而身处险境而不自知。

（2）**识别和判断企业经营活动中潜在的刑事法律风险点**

企业在经营活动中潜在的刑事法律风险包括两个方面：一是外部刑事法律

风险，是指企业因对外经营活动不合规、不合法，引发的刑事法律风险；二是内部刑事法律风险，是指企业因内部管理上存在问题，诱发企业内部犯罪的风险。不论是外部还是内部刑事法律风险，都可能导致企业及企业负责人付出代价。

企业在经营活动中要防范这两方面的风险，前提是要知道风险是什么，风险的程度有多高，在哪儿，有多少？然后事前进行全面识别和系统整理分析，在分门别类形成完整风险列表的基础上，制定相应的风控措施。

律师具有这方面的专业知识以及丰富的实践经验，具有更强的风险意识以及识别和判断风险的能力，能有效帮助企业识别和判断经营活动中潜在的刑事法律风险点，然后通过业务流程的整合和安排，最大限度减少和避免这些潜在的刑事法律风险转化为现实的刑事法律风险。

（3）建立风险阻隔机制，避免"城门失火，殃及池鱼"

风险无处不在，意外总是突如其来。笔者认为，企业及企业负责人要有主动安全意识。这是因为无论企业及企业负责人如何重视合规，如何加强管理，都不能够完全避免刑事法律风险的出现。对此，不论是帮助企业进行刑事合规建设的律师还是企业负责人，都要有清醒的认识。

既然合规风险不可避免，那就需要有一定的风险阻断机制，把可能发生的风险控制在一定范围之内，避免"城门失火，殃及池鱼"。具体而言，要通过优化风险防控措施，以企业存在有效的内部控制机制并已经落到实处来证明企业及企业负责人对企业员工实施的与企业生产经营活动密切联系的违法犯罪活动没有关系，企业及企业负责人不会因为存在监督过失而承担责任。

（4）有效应对和化解已经发生的刑事法律风险

在很多时候，企业及企业负责人面对风险时的态度以及以何种方式应对和化解与最后的结果之间有直接的关联关系。在现实生活中，应对方式不当的事例不在少数。

律师的介入对企业有效应对和化解已经发生的刑事法律风险具有重大的意义，能够帮助企业以最合理的方式来面对。需要注意的是，律师不是帮助企业规避甚至掩盖已发生的刑事法律风险，而是让企业以正确的方法去做正确的事情。

第二章

涉案企业合规适用条件与申请流程

一、适用条件

1. 适用的企业类型

从世界范围来看，域外刑事合规针对的都是大型企业，甚至是知名跨国公司。从现有规定和实践来看，我国涉案企业合规适用于所有类型的企业，在企业规模上既包括大型企业，也包括中小微企业。《涉案企业合规建设、评估和审查办法（试行）》和《关于建立涉案企业合规第三方监督评估机制的指导意见（试行）》均未对企业类型和规模作出限制。从最高人民检察院发布的典型案例来看，涉案企业合规的适用范围确实覆盖了小微企业。一般而言，小微企业对于开展涉案企业合规整改有更为迫切的需求。这主要是因为小微企业内部控制机制相对不完善，刑事合规建设基本处于空白状态，防范、抵御刑事风险的能力较弱，因此，小微企业进行合规整改的需求往往更迫切，基于此，我国将小微企业纳入涉案企业合规适用的范畴，更符合我国的国情与实际。

此外，我国规定的涉案企业并不限于涉嫌刑事犯罪的企业，还涵盖了实际控制人、经营管理人员、关键技术人员等涉嫌实施与生产经营活动密切相关的犯罪行为的企业，后者实际上指的是自然人犯罪。其中，《涉案企业合规办法》明确：涉案企业，是指涉嫌单位犯罪的企业，或者实际控制人、经营管理人员、关键技术人员等涉嫌实施与生产经营活动密切相关的犯罪行为的企业。也就是说主体不仅包括涉案企业，还包括相关自然人涉案的企业。上海检察系统进一步明确了后者的范围：一是犯罪主体系自然人而非单位；二是行为人处于企业重要、关键岗位，对企业生产经营有直接而明显的影响；三是行为内容系具体的企业业务活动本身，或是为方便企业业务开展的关联活动；四是涉案行为系基于企业利益而实施，核心是行为人基于企业利益而实施犯罪。将这些并不涉嫌犯罪的企业列入合规范围的主要原因是："上述企业虽不构成犯罪，但是由于相关人员犯罪的产生原因及犯罪利益的归属均与企业存在密切关联，故要求企业进行必要的合规整改，并以此作为对相关人员个人犯罪从宽处理的情节考虑。"当前，单位相关犯罪的案件情况越来越复杂，对于一些大型集团企业而言，企业内设机构、分（子）公司众多，涉及业务类型丰富，企业内部复杂，企业内设机构负责人及相关人员的行为或许是为了单位利益，但未必是单位意志的体现，故不宜将内设机构相关人员尤其是低层级人员为了业绩（单位利益）的犯罪行为简单视为单位行为。

笔者认为，上述规定实际上支持了并非为了单位利益实施的行为就是单位行为这一观点，明确了即便是为了单位利益实施的行为，仍然属于自然人犯罪这一立场。同时，鉴于当下单位相关的犯罪越来越复杂，认定单位犯罪应当更为谨慎，尤其要防止简单地将单位内设机构相关人员、低层级人员为了单位利益，但明确违反单位内部规定的行为认定为单位犯罪。总之，涉案企业合规，不仅是涉嫌犯罪的企业合规，也包括与企业经营行为有关的个人犯罪相关企业合规，这符合我国企业相关犯罪预防及治理的客观实际。

因此，只要企业符合相关条件要求，都可以积极开展涉案企业合规整改，以获得宽缓处理结果。最高人民检察院通过相关会议明确："无论是民营企业还是国有企业，无论是中小微企业还是上市公司，只要涉案企业认罪认罚，能够正常生产经营、承诺建立或者完善企业合规制度、具备启动第三方机制的基本条件，自愿适用的，都可以适用第三方机制。"当然，个人为进行违法犯罪活动而设立公司、企业，公司、企业设立后以实施犯罪为主要活动的，这两种情形应当否定单位人格认定为个人犯罪，不符合合规整改的条件；在犯罪类型上，除涉嫌危害国家安全犯罪、恐怖活动犯罪等特别重大犯罪外，均可积极启动涉案企业合规流程，获得宽缓处理。

2. 适用的案件类型

正向来看，涉案企业合规改革适用的案件类型，包括公司、企业等市场主体在生产经营活动中涉及的各类犯罪案件，既包括公司、企业等实施的单位犯罪案件，也包括公司、企业实际控制人、经营管理人员、关键技术人员等实施的与生产经营活动密切相关的犯罪案件。无论是民营企业还是国有企业，无论是中小微企业还是上市公司，只要符合下列条件的，原则上都可以参加涉案企业合规，适用涉案企业第三方机制：（1）涉案企业、相关责任人认罪认罚；（2）企业能够正常生产经营；（3）企业的制度漏洞导致犯罪发生；（4）承诺建立或者完善企业合规制度；（5）具备启动第三方机制的基本条件；（6）自愿适用的。

反向来说，并非一有企业犯罪就要开展企业合规工作。开展涉案企业合规不能违背市场规律，更重要的是，涉案企业应当具有保护的公共利益和价值。这也解释了为什么要求涉案企业合规的适用由检察机关履行主导责任，严把程序启动关和审查关。例如，2022 年 3 月，北京市人民检察院制定发布了《涉案企业合规必要性审查指引（试行）》。该指引规定：北京检察机关在办理涉企犯罪案件时，对企业是否具有启动企业合规程序的必要性进行审查，做出是否启动企业合规程序的决定，围绕"涉案企业、个人认罪认罚""涉案企业能够正常生产经营""涉案企业因管理制度漏洞导致犯罪发生，需要建立健全规章制度""涉案企业承诺建立或者完善企业合规制度，自愿适用企业合规程序"等要求，细化列举了 20 余项具体审查标准，完善了涉案企业合规的"前端"程序，从源头把握好合规程序启动关口；要求从企业的经营规模、经营状况、纳税情况、容纳就业情况、发展前景等方面全方位、全流程、实质评估开展合规的必要性和可行性，既要防止对符合条件的涉企犯罪案件不予适用合规程序，也要防止对不符合条件的涉企犯罪案件适用合规程序。

具体来说，以下几类涉企犯罪不宜适用涉案企业合规：（1）个人为进行违法犯罪活动而设立公司、企业，或公司、企业设立后以实施犯罪为主要活动的；（2）企业本身各项规章制度已经比较健全，涉嫌的犯罪跟制度漏洞没有关系，是偶发事件或者是故意违反导致的；（3）企业经营规模很小，没有开展和实施企业合规计划的必要和价值的；（4）企业已经无法正常经营，没有条件建立或完善企业合规制度的；（5）企业、相关责任人不愿认罪悔罪，不同意适用认罪认罚的；（6）涉嫌危害国家安全犯罪、恐怖活动犯罪等情况的。

二、申请流程

1. 申请主体与决定机关

根据《关于建立涉案企业合规第三方监督评估机制的指导意见（试行）》以及《〈关于建立涉案企业合规第三方监督评估机制的指导意见（试行）〉实施细则》）的规定，现阶段涉案企业合规有三种启动方式：（1）依职权启动。涉案企业合规的主导机关，无疑是人民检察院。人民检察院在办理涉案企业犯罪案件时，经审查认为符合企业合规试点和第三方机制的适用条件的，应当商请第三方机制管委会启动第三方机制，即启动涉案企业合规考察。实践中，通常由办案机关对符合适用条件的案件进行初审，逐级上报至省级人民检察院，经批准后决定启动涉案企业合规。（2）办案机关建议启动。根据《〈关于建立涉案企业合规第三方监督评估机制的指导意见（试行）〉实施细则》第19条的规定，公安机关、纪检监察机关等办案机关可以提出适用建议，由人民检察院审查是否符合适用条件，进而商请启动第三方机制。目前，除了公安机关，审判机关也在积极参与涉案企业合规，不少地方已经开展了审判阶段甚至是二审阶段适用涉案企业合规的探索。（3）相关主体申请启动。涉案企业、人员及其辩护人、诉讼代理人以及其他相关单位、人员均可以提出适用涉案企业合规的申请。根据《关于建立涉案企业合规第三方监督评估机制的指导意见（试行）》规定，相关人员提出申请的，检察机关应当受理并进行审查。这也是企业和律师可以发挥主观能动性的重要前提。

2. 申请涉案企业合规需要提交的材料

相关主体申请启动涉案企业合规的，需要向检察机关提供证明案件符合启动条件的材料；办案机关依职权或建议启动的，同样会要求涉案企业提供相应材料。

根据笔者的实践经验，申请启动文件主要包括合规整改申请书、合规计划书及合规承诺书等。

（1）合规整改申请书是表明涉案企业愿意且可以适用涉案企业合规的文件。企业或律师在撰写合规整改申请书时，可以从以下角度进行论证。

规范角度：可以论证涉案企业符合启动合规程序的规范条件，包括主体范围、案件范围、必要条件和禁止条件等。

价值角度：可以从企业规模、经营状况、员工数量、纳税情况、守法经营情况、科研进展、技术创新、所获荣誉、公益贡献、在册项目、规范性认证、发展前景等层面全方位展现涉案企业的真实情况，论证涉案企业正常存续经营能够创造价值，确有挽救的必要。

政策角度：可以结合《最高人民检察院关于充分发挥检察职能服务保障"六稳""六保"的意见》等政策性文件，强调保障社会经济高质量发展的意义，论述合规对于企业的价值，争取对涉案企业及个人依法从宽处理。

态度角度：应当充分展示涉案企业及个人自首、如实供述、认罪认罚、退赃退赔等情况，体现涉案企业认识到错误，进行合规整改的意愿和决心。

（2）"涉案"的性质决定了合规计划书应当包含"整改"和"合规"两个部分。根据《涉案企业合规建设、评估和审查办法（试行）》的规定，涉案企业合规建设的第一步，就是全面停止涉罪违规违法行为。

合规计划书应当囊括整改内容，即针对已发生的刑事法律风险进行管理，并采取针对性的纠错措施，弥补漏洞，目的是防止相同犯罪的发生。整改之后，再进行涉罪领域的专项合规建设，全面排查并防控涉罪领域的其他合规风险，目的是预防类似犯罪的发生。因此，整改不是合规，整改只是合规的一个步骤。至于合规计划书的内容架构则并无规定范式，笔者通常采用涉案情况、犯罪成因分析、企业合规方案、合规建设进程的逻辑顺序进行撰写。需要说明的是，合规计划书必须是经过对涉案事实的分析、对涉案企业的调查，根据具体情况制定的。

（3）除上述主要文件外，企业还应当提交合规经营承诺书、补缴税款或罚金的承诺书、企业员工花名册等其他材料，根据实际情况提交即可，在此不再赘述。

【律师点评】

企业适用涉案企业合规程序，虽然并不必然会获得不诉处理，但仍是应对刑事风险的最佳选择。

通过了检察机关的"启动关"，适用了涉案企业合规程序的涉案企业和相关责任人，只有"真合规""真整改"，并经受住第三方监督评估机制的"真监督""真评估"，才能获得相应的不诉处理。如果企图以"纸面合规""虚假整改"蒙混过关、逃避刑事追责，则照样要依法提起公诉。比如，某矿业公司及其负责人非法占用农用地案件，第三方监督评估组织针对涉案企业申请合规监管动机不纯、认罪不实、整改不主动不到位等情况，综合给出了合规考察为"不合格"的结果，之后检察机关依法提起公诉。另外，最高人民检察院指出，要摒弃"开展合规即代表不起诉"的倾向，对不诉、公诉案件均可开展合规工作，特别是对法定刑在3年以上有期徒刑的案件，开展合规并不意味着必然对企业、企业负责人予以不起诉处理。总之，涉案企业合规是检察机关对企业"厚爱"加"严管"的重大改革举措，给涉案企业释放了改革红利，符合条件的企业应当抓住契机，以合规的建设和整改来争取不起诉或其他宽大处理。未涉案企业也应当尽早开展合规体系建设，这不仅能规范企业经营、提升企业竞争力，更是防范风险、谋得先发优势的重要举措。

【企业应对】

（1）企业在涉案后可以通过自查的方式判断自身是否符合本章所述条件，以提高申请启动合规不起诉程序的成功率。（2）在正式向检察机关申请启动企业合规不起诉程序之前，企业应研究当地关于合规不起诉制度的具体实施办法，并尽力争取获得适用机会。（3）准备能够证明企业具备启动第三方机制条件的材料，如企业在专利技术数量、计算机软件著作权和科学技术成果、社会公益情况、纳税情况等方面作出了贡献的相关材料，以备检察机关审查。（4）尽快聘请律师，由律师及时发现企业规章制度漏洞并进行完善，同时帮助企业出具相关风险控制方案，尽早在案件移送审查起诉之日起的 30 日内向检察机关申请启动合规不起诉制度。

【办案心得】

除办案机关主动对涉企刑事案件适用合规以外，当事人、律师等主体也可以对照相关规定，积极争取适用涉案企业合规制度。诚然，涉案企业合规的实践仍然较为保守，一旦检察机关认为不需要、不能够做合规，则申请启动合规的空间较小、难度较大。涉案企业合规改革的争议，也始终不绝于耳。但是，在有限的范围内，充分利用每一个可能为当事人争取最大利益，是律师的职业使命。在这一前提下，探讨如何启动合规，是必要且有意义的。

三、相关文书参考样式

*** 有限责任公司
适用涉案企业合规及第三方监督评估机制
申　请　书

申请人： 单位名称[①]，住所地，统一社会信用代码：***，法定代表人：***，联系电话：***

[①] 根据《关于建立涉案企业合规第三方监督评估机制的指导意见（试行）》第 10 条的规定，涉案企业、个人及其辩护人、诉讼代理人或者其他相关单位、人员可以提出申请，故申请人也可以是对应的这些自然人。自然人包含公司企业实际控制人、经营管理人员、关键技术人员、辩护人、诉讼代理人等。

申请事项

申请在 ** 人民检察院审查的 *** 涉嫌 *** 罪一案中，对我公司适用企业合规政策及第三方监督评估机制。我公司自愿进行合规整改，接受第三方组织的调查、评估、监督和考察等。

事实与理由

我公司 ** 因涉嫌 ** 罪一案于 20** 年 ** 月 ** 日被 ** 省 ** 市公安局立案侦查，20** 年 ** 月 ** 日移送贵院审查起诉。公司现已结合 **、** 涉案情况，对【治理结构、经营管理、财务和税务、合同管理、劳动人事、安全生产】①等开展了风险排查工作，发现公司在【财务管理、公司物资使用规范、合规体系建设】等方面存在漏洞；同时，20** 年 ** 月 ** 日，** 人民检察院给我公司下达了《适用涉案企业合规试点及第三方监督评估机制听取意见函》《涉案企业合规告知书》②，告知申请人及 *** 涉嫌 *** 罪一案在人民检察院审查过程中，可自愿申请进行企业合规整改，争取宽缓处理。为及时解决发现的问题并保证企业正常有序经营，申请人根据自身情况特提出企业合规申请，详述如下。

一、企业基本情况

1.概述

包括企业基本信息、投资人结构、治理结构、内部组织架构、发展历程、主营业务、上下游供应商客户关系等。

2.企业的荣誉、商誉、技术、品牌等

从企业在行业中的地位、企业既往诚信和行业评价、企业拥有的核心技术、知识产权等方面，对企业发展能力的基本判断。

---

① 刑事合规以专项合规为主，此处可结合涉案案由所针对的具体管理环节，据实选择。
② 鉴于目前处于改革试点期间，各检察院操作程序和下达的文书样式和名称未统一，此处可以根据相应检察机关实际下达的文书填写；未下达文书的，也可以主动申请。

3. 社会责任履行情况

可从企业近 3 年财务运行情况、纳税情况、吸引社会劳动就业情况、参与社会公益等方面的情况进行陈述。

二、涉嫌犯罪经过及成因分析

1. 主要犯罪事实

简要陈述涉案的基本事实。对犯罪的行为进行客观的陈述，对犯罪的后果处理进行陈述，对到案过程的陈述。

2. 犯罪主观方面的剖析

对涉嫌犯罪的动因、目的等主观动机进行剖析。

3. 犯罪客观方面的剖析

对走上犯罪道路的客观原因进行分析，尤其注意涉案违法犯罪行为与企业经营管理中内部控制的缺陷、合规风险的识别能力欠缺等方面的认识和分析。

三、案发之后已积极采取补救措施

对到案后配合司法机关调查的主动性进行陈述，对认罪认罚的态度，对自首、立功的表现等进行陈述。

1. 自愿认罪认罚，具有良好的悔罪态度。

2. 退缴违法所得，积极修复被侵害法益。

3. 开展风险排查，停止所有的风险行为。

四、企业合规的必要性和可行性

1. 企业具有强烈的合规意愿

企业及决策层对开展合规建设、合规整改的主观意愿描述。

2.企业具备合规的基础要素

企业开展合规建设、合规整改的体制基础、制度基础、员工素质、资源配备等情况的描述。

3.企业进行合规的愿景

企业开展合规建设、合规整改的预期目标等。

综上，为贯彻落实党中央对民营企业"严管厚爱"的政策措施，防止申请人再次走上违法犯罪的道路，体现我国刑法惩治与教育相结合的原则，综合考虑到申请人还能够为社会、为所在区域经济作出一份贡献，根据最高人民检察院及其他各部门发布的有关刑事涉案企业相关合规整改政策的规定，特向贵院申请进行企业合规整改和第三方监督评估机制，弥补经营管理的不足之处，避免再次违法犯罪，并请求给予我单位和涉案人员宽大处理。

此致

** 人民检察院

申请人:（印章）法定代表人:（签字）

_____年____月____日

附件：

1.企业营业证照复印件；

2.企业信用信息网查询打印公司基本信息（含注册资本金、股东名称、高级管理人员名单等信息）

3.固定资产投资证明；

4.近 3 年完税凭证；

5.劳动用工职工花名册（可附劳动合同、社会保险缴纳人员清单）；

6.其他资料。

***有限责任公司
适用涉案企业合规及第三方监督评估机制
承　诺　书

如有幸对我公司适用企业合规政策及第三方监督评估机制，我公司自愿接受 ** 人民检察院的第三方合规监管，同时承诺以下几点。

一、认罪认罚、退赔退赃。

二、遵守规定，服从第三方监管人考察与检察机关监督。按照专项合规整改方案切实整改，确保合规整改获得监管部门验收。

三、根据第三方监管人汇总的专项风险因素进行对照整改，同时根据自行汇总的风险因素进行整改；出具自查报告，分析合规整改的进度及在该阶段尚存在的问题与原因，并对下一阶段合规整改作出具体安排；尽可能建立专项合规体系。

四、若自查整改无法通过第三方监管人与主管部门的复核，自愿再次进行自行整改。

五、合规考察整改期满前，配合第三方监管人出具总结性的监管报告，确保获得检察机关与主管部门的验收。

承诺单位：** 有限责任公司

_____年___月___日

*** 有限责任公司
适用涉案企业合规及第三方监督评估机制
合规整改框架计划 ①

****** 人民检察院：

我公司 ***、*** 因涉嫌 *** 罪一案于 20** 年 ** 月 ** 日被 **** 局立案侦查，20** 年 ** 月 ** 日移送贵院审查起诉，现申请适用涉案企业合规及第三方监督评估机制，我公司已结合 ***、*** 的涉案情况，对治理结构、经营管理、安全生产等方面开展了风险排查工作，发现我公司在 ***、***、合规体系建设等方面存在漏洞，现结合本次涉案情况以及排查结果制定如下合规计划框架。

一、建立合规管理组织体系

（一）将以现有党支部为基础，充分发挥党员先锋带头作用，积极开展党内活动

我公司现有员工 ** 名，其中中共党员 ** 名，已成立党支部。支部成员包括 **、**、**、**，均为正式党员。我公司在案发后组织召开了党支部会议，进一步明确了党支部的主要职责与基本任务，在后续工作中我公司将严格落实党支部工作要求，完成党支部安排的任务。拟定期开展党内活动，定期组织党员和职工进行党性教育和公益活动，积极发挥先锋模范作用。

（二）成立企业合规工作领导小组

我公司拟成立企业合规工作领导小组，由 5 位成员组成，由公司【法定代表人 / 董事长】担任组长；新设合规部，作为合规工作的常设管理部门，由 *** 担任首席合规官；各部门设立兼职合规联络员，负责合规工作具体落实。同时，我公司拟通过外聘律师团队，引入第三方法律服务机构，为本次专项合

---

① 本计划书只是原则性地对合规计划应当包含的要素进行了阐述，具体运用中需要根据涉案企业的实际情况、所涉罪名进行有针对性的阐述。

规开展提供了专业法律支撑。

企业合规工作领导小组在企业合规管理期间，全面履行合规职能。拟在一个月内制定完整的合规计划，包含合规方针、合规制度与流程、开展合规管理培训等，以此建设完备的合规管理体系。

（三）完善组织架构，聘请法律顾问，加强法律风险防范[①]

我公司拟聘请法律顾问，在考察期间负责协助律师团队审查企业的重要规章制度、开展法律培训等合规考察工作。考察结束后，法律顾问参与企业日常投资、生产经营管理的风险审查；开展与企业生产经营有关的法律咨询、培训和宣传等工作；负责企业仓储业务风险识别，帮助企业识别与防范法律风险。

二、建立企业合规政策体系

（一）确立合规战略思想

根据企业合规计划，结合公司的内部管理制度与涉嫌案件，拟确立"依法经营、合规先行、合理风控、动态检测"的企业合规战略思想。我公司将通过本次合规计划，推动合规制度的建立与完善，从而促进企业合法化、合规化，为公司可持续发展奠定基础。

（二）修改企业章程，明晰岗位职责

针对企业排查到的风险，拟对企业章程进行相应修改，以明晰股东之间、股东与公司之间的权责，并强化企业法定代表人、高级管理人员的职责与义务，为股东、法定代表人、总经理、高级管理人员提供高标准的行为准则与道德标准，为企业合法诚信经营提供制度、程序双重保障。

（三）明确企业合规工作领导小组的工作职责

拟制定企业合规工作领导小组的工作细则，并根据该工作细则规定明确职

---

① 可根据企业是否已经聘请外部法律顾问的情况进行修改。

责权限，包括但不限于制定我公司的合规计划、合规流程、合规规范，并配合检察机关及第三方监管机构开展评估、听证各项工作事宜以及其他合规考察要求的工作。

（四）制定合规政策

1. 管理层承诺

管理层拟签署承诺书，承诺积极参与合规管理，支持合规政策、提供充分的人力、物力和财力等资源；定期向公司全员、合作伙伴强调遵守合规的重要性。

2. 组织保障

我公司拟建立合规工作领导小组与外部法律团队组成的合规专业团队，制定合规管理规范并推动落实。

3. 制度规范

我公司拟建立完整的企业合规管理制度作为员工日常合规操作的规范或指南。

4. 资源投入

我公司拟为本次合规提供充分的资源保障，包括但不限于人力、物力、财力的投入。

5. 学习培训

我公司拟将定期进行合规培训，帮助参与培训的员工充分知悉公司合规制度及管控流程，了解法律法规及其变化，确保所有员工有能力以与公司合规文化和对合规的承诺一致的方式履行角色职责。培训包括通识类培训和专业类培训，并纳入考核系统。

三、制定合规制度与措施 [①]

我公司企业合规工作领导小组根据相关职责权限，拟制定合同审批制度、员工培训管理制度、风险控制管理办法、印章管理规定、财务管理办法、竞业限制规则等合规专项制度和措施。

（一）制定合同审批制度

制定合同审批制度的目的是加强公司合同管理，维护公司合法权益，为公司对外业务开展提供基础的行为管理规范，弥补公司合同管理制度的漏洞。

（二）制定员工培训管理制度

制定员工培训管理制度的目的是弥补公司在员工培训方面的制度缺失和管理缺失，提高员工素质，提升公司人力资源水平。对全体员工每月至少开展一次应知的合规基础知识、基本要求和基本行为规范，对中高层管理人员每月至少开展一次合规红线、风险判断方法的培训；对关键岗位人员每月开展一次有针对性的合规培训；对新入职人员在入职之初开展应知的合规基础知识、基本要求和基本行为规范培训。

（三）制定风险控制管理办法

制定风险控制管理办法的目的是指导、规范公司全面加强风险预警以及风险事故的危机处理，最大程度地预防和减少突发事件，保障公司的生产经营安全。我公司拟设立风险事件报告及处理机制，对重大及突发事件的报告和应急管理工作实行责任制。对存在失职、渎职行为的，我公司将追究相关责任人的责任，造成严重后果的，依情节轻重进行相应的处理、移交。

（四）制定印章管理规定

制定印章管理规定的目的是规范公司印章的管理，对用印的文件、用印流程进行严格审核。

[①] 应当结合公司制度制定的实际情况，根据涉案犯罪行为与具体制度的关联情况，有针对性地制定和修改制度。

（五）制定财务管理办法

制定财务管理办法的目的是规范公司的财务制度，对公司账户使用、资金流水、账目制作、报销事宜、财务人员的管理进行从严规范，杜绝潜在财务风险。

四、打造合规程序体系

（一）排查管理风险，建立管理流程

我公司拟在一周内全面排查公司管理漏洞与法律风险，调整公司的组织架构。采取聘请律师团队和法律顾问相结合的方式，弥补企业管理漏洞，明确各部门的职责权限，加强集体监督。

（二）拟重新梳理原有部门工作职责与岗位职责，完善管理流程

1. 在人事管理方面

从人力资源结构、关键岗位人员管理、人力资源激励约束、退出机制等方面明确人力资源的引进、开发、使用、培养、考核、激励、退出等管理要求，实现人力资源的合理配置。

2. 在仓储方面

从供应商选择、货物验收、来源审核等方面全面梳理仓储业务流程，完善仓储业务相关管理制度，统筹安排仓储计划，明确各环节的职责和审批权限，按照规定的审批权限和程序办理仓储业务。

3. 在财务制度方面

制定规章制度，明确职责确定互相监督体系并签订承诺书。在日常销项、进项以及报销中，严格审批程序。业务部门对资金流水的必要性、真实性、合规性负责，并归入考核程序。财务部门严格依照国家及公司有关财务规定进行复核并办理付款。规范公司账户的使用，严禁公司账户和个人账户混同，设立资金等级报备制度等。

4. 在资产管理方面

全面梳理资产管理流程，对关键薄弱环节采取由总经理特批的方式加强管理，以提高我公司企业管理水平，保护公司资产，预防公司资金的非法利用。报销单据需经过业务部门负责人、财务部门负责人审核，分管领导审批，杜绝与经济业务事实不符、填写不规范的发票的报销，保证日常报销的发票合规合法。

5. 在生产管理方面

明确安全生产的社会职责和义务，强调在生产管理中要切实重视安全生产、产品质量、环境保护、节约资源、促进就业、员工权益保护等内容。

五、培育企业合规文化

（一）开展企业合规培训

我公司拟针对全体员工、中高层以上管理人员、关键岗位人员、新进人员开展专项合规培训。具体包括以下几项内容。

1. 通识培训

培训主题：普及法律知识，提高员工法律风险意识。

主要内容：签订劳动合同的注意事项以及未签订劳动合同如何进行风险防控；入职管理的法律问题、竞业限制的相关法律问题以及职务犯罪类的相关案例。

2. 刑事合规专项培训

培训主题：****业务中法律风险防范。

主要内容：与行业相关可能涉及罪名的法律司法解释规定、量刑标准、公安机关立案标准、法律释义、犯罪构成要件、典型案例，针对企业属性开展相关法律知识的普及。

3. 民事合规专项培训

培训主题：企业民事法律风险防范。

主要内容:《民法典》体系介绍、企业民事权利与民事责任、企业交易规则、企业交易风险等；通过相关案例解释企业股权、物权、债权、知识产权相关的内涵；签订合同中涉及的法律问题等。

（二）建立合规举报途径

我公司拟设立内部举报通道，采取设立举报箱、举报电话、专用电子邮箱等形式。所有举报均可匿名进行。我公司将安排专人维护上述通道，同时承诺对举报人的个人信息予以绝对保密，在接到举报3日内回应并设置举报奖励。

（三）修改员工手册

我公司拟对员工手册进行相应的修改，以此来向全体员工有效传达公司合规管理的决心与态度，同时为员工日常工作提供基本工作遵循。

六、为合规管理机制的有效运行提供人力物力保障

我公司将为合规整改及后续合规管理机制的顺利进行提供各方面的有力保障。合规计划的全面性和深入性决定了合规整改工作是一项综合性系统工程，因此保障内容涵盖了人员、培训、宣传、场所、设备、技术和经费等多个方面。我公司将以制度的形式明确对合规管理机制运行的保障，并且在每年的年初预算中，单列专门的合规管理预算。

七、建立合规绩效评价机制

我公司将制定评估办法开展合规绩效评价，细化设置合规指标，对公司主要负责人、经营管理人员、关键技术人员等进行考核，及时对合规整改措施执行效果进行纠偏和调适，确保合规计划和实施方案执行到位。具体考核指标包括重点岗位人员组织、参加合规培训的数量和成效，发布风险预警次数，整改

挽回损失金额，合规举报处置情况，合规审计结果，外部监督检查情况，商业伙伴合规管理情况等。同时，合规绩效评价制度将包括考评小组构成、考评范围、考评方式方法、考评标准、考评结果运用等要素，进行全方位考评。

八、建立持续整改、定期报告等机制

持续改进提升是合规管理体系运行的有效模式，也是《合规管理体系要求及使用指南》（GB/T 35770—2022）确立的合规管理体系的基本特征。我公司将建立持续整改、定期报告等合规管理机制，保证合规管理制度机制根据公司经营发展实际不断调整和完善。对于合规管理体系运行中发生的不合适情况作出反应、评价并决定是否需要采取措施，及时消除产生不合规情形的根本原因，以避免再次发生或在其他领域发生，并实现持续改进，以确保合规管理体系的动态持续有效。

以上合规计划，我公司将以建立合规组织体系、政策体系、配套制度与措施，打造一套行之有效的程序体系为统一目标，合理打造企业合规文化，并将合规管理融入企业的日常经营管理活动中、落实到具体工作中，以促进企业的可持续发展。

******有限公司

_____年____月____日

第三章

刑事强制措施的变更与复工复产

以往公安机关、人民检察院处理涉民营企业刑事犯罪案件时常常采取"一刀切"模式，只要民营企业及民营企业家存在涉嫌刑事犯罪的可能性，就对民营企业的财产进行查封、扣押、冻结，对民营企业家采取逮捕等强制措施。但是，一旦民营企业陷入刑事诉讼程序或者民营企业家被采取逮捕措施，民营企业的正常生产经营活动，诸如企业公章的使用、购销合同的签订、员工工资的发放等，便会受到极大的影响。因此，司法机关特别是人民检察院如何降低采取强制措施对民营企业正常生产经营的影响，成为服务和保障民营企业发展的重要一环。

涉案企业合规工作是检察机关坚持依法能动履职，有力推动企业依法守规经营，更好服务经济社会高质量发展的一项重要制度创新，目的就在于让企业"活下来""留得住""经营得好"。为了合规工作的推进与企业复工复产，对涉案企业、涉案人员变更刑事强制措施很有必要。

一、对涉案人员的强制措施变更为非羁押类强制措施

刑事诉讼中的强制措施，是指公安机关、人民检察院和人民法院为了保证刑事诉讼的顺利进行，依法对刑事案件的犯罪嫌疑人、被告人的人身自由进行限制或者剥夺的各种强制性方法。

1. 刑事强制措施的种类

刑事诉讼中的强制措施有五种，按照强制力度轻重的顺序排列依次为拘传、取保候审、监视居住、拘留、逮捕。刑事强制措施分为羁押类强制措施和非羁押类强制措施。拘传是最轻的强制措施，取保候审和监视居住属于限制人身自由的强制措施。拘传、取保候审、监视居住属于非羁押类强制措施，拘留和逮捕属于剥夺人身自由的强制措施，属于羁押类强制措施。

（1）拘传

拘传是最轻的强制措施，与传唤的区别在于传唤不属于强制措施，不具有强制性，传唤可以口头进行，而拘传必须持拘传证。

传唤、拘传持续的时间不得超过 12 小时，案情特别重大、复杂，需要采取拘留、逮捕措施的，传唤、拘传持续的时间不得超过 24 小时。侦查机关不得以连续传唤、拘传的形式变相拘禁犯罪嫌疑人。传唤、拘传犯罪嫌疑人，应当保证犯罪嫌疑人的饮食和必要的休息时间（《人民检察院刑事诉讼规则》中进一步规定，两次拘传间隔时间一般不得少于 12 小时）。

公安机关、人民检察院、人民法院都能决定拘传，也都可以执行拘传。执行拘传的公安司法人员不得少于 2 人。

（2）取保候审

取保候审是指在刑事诉讼中，公安机关、人民检察院、人民法院责令犯罪嫌疑人、被告人提出保证人或者缴纳保证金，保证犯罪嫌疑人、被告人不逃避或妨碍侦查、起诉和审判，并随传随到的一种强制措施。这种强制措施既可以不羁押犯罪嫌疑人、被告人，使其照顾家庭或者从事原来的工作和劳动，为社会做一些有益的事情，又可以使他们感到国家和社会对他们的关怀，还可以减轻羁押场所的压力。

适用对象：犯罪嫌疑人、被告人。

适用情形：可能判处管制、拘役或者独立适用附加刑的；可能判处有期徒刑以上刑罚，采取取保候审不致发生社会危险性的；患有严重疾病、生活不能自理，怀孕或者正在哺乳自己婴儿的妇女，采取取保候审不致发生社会危险性的；羁押期限届满，案件尚未办结，需要采取取保候审的。

决定机关：公安机关、人民检察院、人民法院。

执行机关：公安机关。

程序：保证金起点数额为 1000 元人民币；保证人需与本案无牵连，有能力履行保证义务，享有政治权利且人身自由未受到限制，有固定的住处和收入。对同一犯罪嫌疑人、被告人决定取保候审的，不能同时适用保证人和保证金。期限：取保候审最长不得超过 12 月。

（3）监视居住

监视居住是指侦查机关责令犯罪嫌疑人不得擅自离开指定的住所，并对其行动加以监视，限制人身自由的一种强制措施。它通常适用于符合取保候审条件，但不能提供保证人或保证金的犯罪嫌疑人。

适用对象：犯罪嫌疑人。

适用情形：人民检察院对符合逮捕条件，具有下列情形之一的犯罪嫌疑人，可以监视居住：患有严重疾病、生活不能自理的；怀孕或者正在哺乳自己婴儿的妇女；系生活不能自理的人的唯一扶养人；因为案件的特殊情况或者办理案件的需要，采取监视居住措施更为适宜的；羁押期限届满，案件尚未办结，需要采取监视居住措施的。

决定机关：公安机关、人民检察院、人民法院。

执行机关：公安机关。

期限：监视居住最长不得超过 6 个月。

折抵刑期：指定居所监视居住的期限应当折抵刑期，被判处管制的，监视居住 1 日折抵刑期 1 日；被判处拘役、有期徒刑的，监视居住 2 日折抵刑期 1 日。

（4）拘留

拘留，是公安机关、人民检察院对直接受理的案件，在侦查过程中，遇到法定的紧急情况时，对于现行犯或者重大嫌疑分子所采取的临时剥夺其人身自由的强制方法。

适用对象：现行犯或者重大嫌疑分子、具有法定的紧急情形之一。

适用情形：公安机关对于现行犯或者重大嫌疑分子，如果有下列情形之一，可以先行拘留：正在预备犯罪、实行犯罪或者在犯罪后即时被发觉的；被害人或者在场亲眼看见的人指认他犯罪的；在身边或者住处发现有犯罪证据的；犯罪后企图自杀、逃跑或者在逃的；有毁灭、伪造证据或者串供可能的；不讲真实姓名、住址，身份不明的；有流窜作案、多次作案、结伙作案重大嫌疑的。

决定机关：公安机关、人民检察院。

执行机关：公安机关。

期限：公安机关对被拘留的人，认为需要逮捕的，应当在拘留后的 3 日以内，提请人民检察院审查批准。在特殊情况下，提请审查批准的时间可以延长 1 日至 4 日。对于流窜作案、多次作案、结伙作案的重大嫌疑分子，提请审查批准的时间可以延长至 30 日。人民检察院应当自接到公安机关提请批准逮捕书后的 7 日以内，作出是否批捕的决定。

重要程序：拘留后应当在 24 小时内将被拘留的人送入看守所、进行讯问、通知家属；除先行拘留外，拘留必须出示拘留证；公安机关异地执行拘留、逮捕时，应当通知被拘留、逮捕人所在地的公安机关，所在地公安机关应当予以配合。

（5）逮捕

逮捕是指公安机关、人民检察院和人民法院为了防止犯罪嫌疑人、被告人实施妨碍刑事诉讼的行为，逃避侦查、起诉、审判或者发生社会危险性而依法暂时剥夺其人身自由的一种强制措施。

适用对象：犯罪嫌疑人、被告人。

适用情形：应当逮捕的：可能判处徒刑以上刑罚的犯罪嫌疑人、被告人，采取取保候审尚不足以防止发生社会危险性的；对有证据证明有犯罪事实，可能判处 10 年有期徒刑以上刑罚的；对有证据证明有犯罪事实，可能判处徒刑以上刑罚的，曾经故意犯罪或者身份不明的等。可以逮捕的：被取保候审、监视居住的犯罪嫌疑人、被告人违反取保候审、监视居住规定，情节严重的。

决定机关：人民检察院、人民法院。

执行机关：公安机关。

听取律师意见：人民检察院审查批准逮捕，可以询问证人等诉讼参与人，听取辩护律师的意见；辩护律师提出要求的，应当听取辩护律师的意见。

2.对涉案人员变更强制措施

羁押类强制措施直接限制或剥夺犯罪嫌疑人、被告人的人身自由，受羁押的犯罪嫌疑人、被告人在羁押期间基本丧失了从事正常社会活动的必要条件。涉案的企业家在被羁押期间无法开展正常的经营管理活动，企业的发展将因此陷入困境。为保障民营企业的健康发展，我们要毫不动摇地鼓励、支持、引导、保护民营经济发展，为民营企业营造良好的法治环境，进一步优化营商环境。为实现这一目标，最高人民法院、最高人民检察院等部门积极行动，相继出台了《关于充分发挥审判职能作用为经济发展提供司法保障和法律服务的意见》《关于充分发挥检察职能依法保障和促进非公有制经济健康发展的意见》等相关规定，贯彻保障民营企业发展。但当前困扰民营企业发展的是民营企业的刑事案发率较高，而且对涉案民营企业家的羁押率也一直较高，上述规定尚有待于进一步落实。只有严格落实上述规定，民营企业家的合法权益才能得到切实保障，民营企业才能蓬勃发展。

司法实践中，公安机关办理经济犯罪案件时，立案后往往首先对涉案行为人采取刑事拘留措施，进而提请人民检察院批准逮捕，以便于控制犯罪嫌疑人后及时收集和固定有罪证据。这既有立法上的缺陷，也有司法实务中的操作失范。

对涉案人员的强制措施变更为非羁押类强制措施既可以依申请启动，也可以依职权启动。

通过启动涉案企业刑事合规，支持和保护民营经济健康发展是检察机关的政治责任，检察机关应当主动强化责任担当，依法履职尽责，依法及时变更强制措施，帮助民营企业恢复生产经营。对涉嫌犯罪的民营企业家，应当依法准确适用强制措施。检察机关批准或者决定逮捕，应当将犯罪嫌疑人涉嫌犯罪的性质、情节、后果、认罪态度等情况进行综合考虑；对于涉嫌经济犯罪的民营企业家认罪认罚、真诚悔过、积极退赃退赔、挽回损失，取保候审不致影响诉讼正常进行的，一般不采取逮捕措施；对已经批准逮捕的，应当依法进行羁押必要性审查，对有固定职业、固定住所，不需要继续羁押的，应当及时建议公安机关变更强制措施；对确有羁押必要的，要考虑维持企业生产经营的实际需要，在生产经营决策等方面提供必要的便利和支持。

二、对涉案企业的财产解除查封、扣押、冻结

1. 依法查封、扣押、冻结

公安机关在办理经济犯罪案件中查封、扣押、冻结以及处置涉案财物，应当严格依照法律规定的条件和程序进行。《刑事诉讼法》第 139 条第 1 款规定"在侦查活动中发现的可用以证明犯罪嫌疑人有罪或者无罪的各种财物、文件，应当查封、扣押；与案件无关的财物、文件，不得查封、扣押。"第142 条第 1 款规定："人民检察院、公安机关根据侦查犯罪的需要，可以依照规定查询、冻结犯罪嫌疑人的存款、汇款、债券、股票、基金份额等财产。有关单位和个人应当配合。"这就为公安机关在办理刑事案件中依法采取查封、扣押、冻结等对涉案财物的强制性措施提供了法律依据。《公安机关办理刑事案件程序规定》第 227 条第 1 款规定："在侦查活动中发现的可用以证明犯罪嫌疑人有罪或者无罪的各种财物、文件，应当查封、扣押；但与案件无关的财物、文件，不得查封、扣押。"《公安机关办理刑事案件适用查封、冻结措施

有关规定》是对查封、冻结措施适用范围、适用条件、适用程序的具体细化。当然还有其他一些法律、法规、规范性文件对此进行了规定。公安机关在办理经济犯罪案件中适用查封、扣押、冻结应当严格依照法律规定的条件和程序进行。

查封、扣押物证、书证是刑事诉讼的侦查措施，是侦查机关依法强制封存、扣留与案件有关的财物、文件的侦查行为。查封，是指对不动产或者某些特定动产实行就地封存，不允许财产所有人或者管理人使用或者处分的强制性措施。查封主要适用于涉案的土地、房屋、林地等不动产，以及涉案的车辆、船舶、航空器和大型机器、设备等特定动产。对于附着于土地上的不宜扣押、不宜移动的设施、家具等其他相关财物，可以一并查封。扣押，是指公安机关在刑事诉讼过程中对与案件有关的动产予以扣留并负责保管的一种针对财产的强制性措施，其适用对象为动产。查封、扣押财物、文件的目的是提取和保全证据，以准确地认定案情。

冻结是为了防止违法行为人转移赃款、抽逃资金而对涉案财产采取的限制其流动的一种强制性措施，具体是指公安机关通知银行业金融机构、特定非金融机构、邮政部门、证券公司、证券登记结算机构、证券投资基金管理公司、保险公司、信托公司、公司登记机关和银行间市场交易组织机构、银行间市场集中清算机构、银行间市场登记托管结算机构、经国务院批准或者同意设立的黄金交易组织机构和结算机构等单位对犯罪嫌疑人的存款、汇款等资金，债券、股票、基金份额等证券以及股权、保单权益等暂时不准提取或者交易。

在办理经济犯罪案件中对于涉案财物的控制，涉及涉案财物的范围认定问题。有的涉及合法财产与违法财产的界定问题，有的涉及企业法人财产与股东个人财产的界定问题，有的涉及犯罪嫌疑人个人财产与家庭成员财产的界定问题，这些财产的界定问题又直接关系到利害关系人的财产保障问题。

严格区分违法所得、其他涉案财产与合法财产，保证查封、扣押、冻结等措施的权威性与准确性，如涉案款物确实与案件有关联，不得擅自扩大范围，不得对与案件无关的合法财产采取强制性措施，切实保护个人的合法财产。

严格区分企业法人财产与股东个人财产，是为了保护企业法人的正当权益，要综合考虑经济效果、社会效果和法律效果。因为对一个企业法人财产采取相关强制性措施，不仅涉及财产本身的权属问题，更涉及企业能否正常经营问题。因此，要在保障法律效果的同时，尽可能地减少对企业正常合法经营的影响。应当依法慎重决定是否对涉嫌违法的企业法人财产采取相关强制性措施。确需采取查封、扣押、冻结等措施的，要严格按照法定程序进行，除依法需责令关闭企业的情形外，在条件允许的情况下可以为企业预留必要的流动资金和往来账户，最大限度降低对企业正常生产经营活动的不利影响。采取查封、扣押、冻结措施和处置涉案财物时，要依法严格区分企业法人财产和股东个人财产。对股东、企业经营管理者等自然人违法，在处置其个人财产时不任意牵连企业法人财产；对企业违法，在处置企业法人财产时不任意牵连股东、企业经营管理者个人合法财产。

严格区分犯罪嫌疑人个人财产与家庭成员财产，在控制涉案财物过程中既要依法合理地查控犯罪嫌疑人的涉案财物，也要为犯罪嫌疑人及其家庭成员留有必要的生活费用。

不得超权限、超范围、超数额、超时限查封、扣押、冻结涉案财物。超权限，是指办案人员超出自己的权限进行查封、扣押、冻结。相关法律、法规、规范性文件规定了侦查人员办理查封、扣押、冻结的具体权限。例如：在侦查过程中需要扣押财物、文件的，应当经办案部门负责人批准，制作扣押决定书；在现场勘查或者搜查中需要扣押财物、文件的，由现场指挥人员决定；但扣押财物、文件价值较高或者可能严重影响正常生产经营的，应当经县级以上公安机关负责人批准，制作扣押决定书。在侦查过程中需要查封土地、房屋等不动产或者船舶、航空器以及其他不宜移动的大型机器、设备等特定动产的，应当经县级以上公安机关负责人批准并制作查封决定书。这里涉及办案部门负责人批准、县级以上公安机关负责人批准等不同权限。超范围，是指对与案件无关的财物采取查封、扣押、冻结措施。在侦查活动中发现的可用以证明犯罪嫌疑人有罪或者无罪的各种财物、文件，应当查封、扣押、冻结；但与案件无关的财物、文件，不得查封、扣押、冻结。在执法实践中，由于在界定善意取得还是恶意取得、是涉案财物还是合法财物时存在偏差，容易出现对合法财物进行查封、扣押、冻结的情况。超数额，是指超过涉案金额，如涉案金额为1000万元，但冻结金额为2000万元，就远远超过了涉案金额。超时限，是指超过了法定的对财物采取强制性措施的时间，如冻结存款、汇款等财产的期限为6个月或者1年，冻结债券、股票基金份额等证券的期限为2年，不得超出这段时间。如果超出这段时间，必须办理继续冻结手续。逾期不办理继续冻结手续的视为自动解除冻结。

2. 解除查封、扣押、冻结

当前我国检察机关基于不起诉制度开展的涉案企业合规改革，主要着眼于审查起诉阶段。从减少企业正常生产经营利益损耗角度考虑，可发挥检察机关审前主导作用，将涉案企业合规程序端口作适当前移，除通过提前介入引导侦查、开展合规必要性前端审查外，对在侦查阶段作出合规承诺、具备合规必要性和可能性的涉案企业，可探索给予一定的财产性强制措施刑事激励，如对企业财产附条件解除查封、扣押、冻结措施，可对企业形成更大激励作用。对涉案企业的财产解除查封、扣押、冻结措施既可以依申请启动，也可以依职权启动。

从推进涉案企业合规制度刑事诉讼全流程适用的角度考虑，亦可探索侦查阶段涉案企业合规改革，即在侦查阶段对涉案企业犯罪事实基本查清的前提下，由公安机关或检察机关主导开展涉案企业合规改革探索，在企业犯罪治理中实现司法资源的优化配置和司法政策贯彻运用的统一性。

三、涉案企业复工复产

助力涉案企业复工复产，检察机关要通过履行职责为企业复工复产提供司法保障。司法具有双重属性：一方面，司法是"国家法治宏大架构的拱顶"；另一方面，司法又是"对社会生活的具体介入形式"。

1. 审慎办理涉企刑事案件

建立容错纠错机制，对于法律政策界限不明、罪与非罪不清的，加强审查。注重民事责任、行政责任与刑事责任的层层递进，该严则严，当宽则宽，既不人为拔高，也不降格处理，避免执法办案打击扩大化和简单化，确保案件得到及时准确处理。持续推进认罪认罚从宽制度，严格落实羁押必要性要求，对民营企业家、技术骨干等，可捕可不捕的不捕，可诉可不诉的不诉，为涉案企业预留必要的流动资金和往来账户。联合工商联、税务、国家发展改革委、法院等部门推进企业信用体系建设，共享企业信用数据，将其作为落实宽缓刑事政策的重要依据。依法督促行政机关、公安机关解除查封、扣押、冻结非涉案财产、与案件关联度不高、不影响案件正常办理的财产，缓解涉案企业复工复产资金短缺的困难。

2. 注重防范风险和化解矛盾并重

加强前瞻性预测预警预防。对可能出现的风险做好预警和处置预案，加强横向协作和上下联动，及时稳妥化解矛盾纠纷。对"以闹求解决、以访谋私利"的非法缠访、闹访予以严厉打击。积极推进诉源治理，最大程度将社会矛盾纠纷化解在源头。高度关注企业涉案可能引发的社会群体矛盾、行政争议。

加强多部门联动沟通，要早排查早研判，落实调处化解措施，把释法说理、矛盾协调解决、事后回访贯穿全过程。根据个案具体情况，因案施策，逐案化解，依法妥善处理。健全完善矛盾多元化解机制，充分发挥第三方在矛盾化解中的作用，加强与人民调解、行业性调解、仲裁调解等的衔接联动，提高律师参与化解重大信访案件的参与度。

3. 致力为企业复工复产提供法律支持

推行跨界治理方式，加强相关单位和团体的沟通联系，有效弥合司法化治理遗留的缝隙。人民检察院与其他机关应当畅通服务涉案企业渠道，及时向有关部门反映影响涉案企业复工复产的问题，提出有价值的法律风险防范建议。联合市工商联制定工作意见，建立双向协作、联合挂钩走访企业机制，共同搭建服务企业网络平台。切实加强与企业的联系沟通，畅通涉案企业案件办理的双向联系和反馈渠道，搭建检企直通平台，为涉案企业预约来访，寻求法律咨询、预防咨询、司法救济提供便捷、高效的服务。主动了解涉案企业存在的实际困难和法治需求，结合案件暴露出的典型性、普遍性问题，发出检察建议，帮助企业堵塞漏洞，促进依法合规经营，开展法治宣传教育。

【律师点评】

对涉案人员强制措施变更为非羁押类强制措施，能够发挥刑事司法的能动性，尽可能减少刑事司法活动对企业的"附带伤害"。少捕慎诉慎押刑事司法政策从刑事司法理念上升为刑事司法措施，在"保企业"中发挥着重要的作用。本措施重点表明社会要营造公平公正的法治环境。例如：开展涉民营企业案件立案监督和羁押必要性审查专项行动，甄别纠正侵犯民营企业和企业家合法权益的案件；贯彻落实少捕慎诉慎押刑事司法政策，对民营企业家涉案人员能不捕的不捕、能不诉的不诉、能不判实刑的不判实刑，能不继续羁押的及时予以释放或变更强制措施；根据民营企业的需求，引导律师行业开展服务民营企业免费"法治体检"活动，指导公证、司法鉴定机构畅通民营企业法律服务绿色通道，对符合规定条件的缓减公证、司法鉴定和仲裁费用，全面推行轻微违法行为依法从轻、减轻或不予行政处罚。

"保企业"并不意味着犯罪企业不应受到制裁，而是要通过刑事追诉活动促使其合规合法。促进企业合规守法经营，简单地说，就是要给涉案企业"立规矩"。只有守法的企业才是符合社会主义市场经济、社会主义法治要求的企业；如果简单地认为"保企业"更重要，而忽视了"立规矩"这个目标，那么，促进涉案企业合规就会异化为涉案企业"出罪"的手段，这类企业未必会从中吸取教训，也未必能够真正建立起守法合规的内部治理结构和经营方式。

对涉案企业负责人能不捕的就不捕，只适用于经营类犯罪，而且以推进"合规整改"为条件。推进少捕慎诉慎押是我国推进全面依法治国的具体司法政策，强调对于涉案企业负责人能不捕的就不捕，严格遵守了《刑事诉讼法》有关逮捕适用条件。首先，从逮捕的必要性上说，涉民营企业的刑事案件主要是涉嫌经营类犯罪，不是暴力犯罪，缺乏社会危害的紧迫性，很多时候没有必要实施逮捕，采取取保候审等强制措施，就足以保障刑事诉讼程序的顺利进行。其次，从司法政策的效果来看，民营企业负责人一旦被抓，结果大概率是债主上门、供应链中断、银行断贷、工人失业，会造成很大的社会风险。哪怕最后负责人宣判无罪，也已经没有意义了。这就是司法机关反复强调的"防止不当办一个案件，垮掉一个企业"。

涉案财物的控制和处置，直接涉及当事人及其他利害关系人的财产权保障。为了强化对涉案财物的控制和处置，公安机关要坚持依法慎重的精神，要遵循法定性、比例性、规范性、强制性原则。法定性就是依照相关法律、法规及规范性文件开展查封、扣押、冻结，相应措施不能在立案之前进行，要严格按照相关程序和权限开展工作，严禁对与案件无关的财物采取强制性措施。比例性也称适当性，就是要求查封、扣押、冻结的财物与案件性质、涉及范围、涉及数额相对应，遵循谦抑性原则。查封、扣押、冻结涉案财物应当为犯罪嫌疑人及其所扶养的家属保留必要的生活费用和物品。对于查封、扣押、冻结涉案企业的财物，要严格区分企业法人财产与股东个人财产，依法慎重采取查封、扣押、冻结措施。采取查封、扣押、冻结等措施，不得超权限、超范围、超数额、超时限。规范性就是公安机关要严格按照具体的查封、扣押、冻结的程序操作实施，避免出现程序上的漏洞。同时，对于提前处置的，要在确实符合法定条件要求的情况下进行。

【企业应对】

企业涉嫌犯罪之后，如果想适用"能不捕的不捕、能不诉的不诉"，就要积极接受合规整改。涉案企业作出合规承诺、落实合规整改。执法、司法不是为了搞垮一个企业，而是为了促进法治营商环境建设、促进企业合规经营。当前，企业的大合规时代已然来临，企业亟须适应新形势提升合规管理能力。合规管理是企业能够保持基业长青、防范违规风险发生的重要因素。面对日益严峻的形势和挑战，企业必须不断增强竞争力和抗风险能力，加强风险防范意识和合规管理能力。在推动"能不捕的就不捕"的同时，还在推动企业合规整改，严管与厚爱不可偏废。检察机关在拟依法不捕、不诉或者提出轻缓量刑建议的同时，还要督促涉案企业作出合规承诺、落实合规整改。

通过企业刑事合规督促企业进行合规整改，帮助企业改进和完善管理体制，解决企业内部不合规的问题，铲除其犯罪的土壤，从而实现刑法特殊预防的目的。同时，采取非刑罚的手段，对涉案企业进行合规整改并暂缓起诉，缓解了司法机关办案压力，节约了有限的司法资源。开展涉案企业合规整改，不仅要落实好最高人民检察院对涉企刑事案件"少捕慎诉慎押"的刑事司法政策，也要督促涉案企业作出合规承诺、积极整改，举一反三、堵漏建制。促进企业合规经营，直接效果是防止办案简单化，杜绝"办理一起案件、垮掉一个企业、失业一批职工"的现象发生，更高的成效是通过办好每一个案件，促进企业乃至行业规范发展。

【办案心得】

支持和保护民营经济健康发展，最大限度避免和减少案件对民营企业正常经营活动带来的影响。律师在代理涉民营企业家的羁押案件时，最大程度争取减少对民营企业家的不必要羁押，切实保护民营企业和民营企业家的合法权益。

律师应当立足行政检查的工作流程、行政认定的报告依据、行刑衔接的移送标准、鉴定检材的来源与提取程序、鉴定意见的合法性等焦点问题提出系列专业法律意见，在与办案机关沟通协调律师意见的同时，极力推动涉案企业的有效复工复产，稳定员工工作情绪，避免公司走向破产、倒闭。

四、相关文书参考样式

取保候审申请书

申请人：_____，_____律师事务所律师，系犯罪嫌疑人_____的辩护律师，联系电话：_____。

申请事项：对涉嫌_____罪的犯罪嫌疑人_____申请取保候审。

申请理由：

_____年____月____日，因涉嫌_____罪，_____被_____公安局刑事拘留，作为_____的辩护人基于如下理由申请贵局对其取保候审：

一、_____。

二、_____作为_____公司法定代表人、董事长，公司员工拥有_____余人（需提供附件），曾掌管_____公司产供销，对_____取保候审有利于公司正常经营。

三、_____还是_____公司的实际控制人。

综上所述，_____及法定代表人_____仅涉嫌轻微刑事犯罪，对其取保候审不妨碍侦查，不致发生社会危险性，有利于恢复生产、解决就业，依据《中华人民共和国刑事诉讼法》第67条，第95条之规定，恳请贵局/院准予对涉案嫌疑人_____予以取保候审。

此致

_____公安局

_____检察院

申请人：_____律师

_____年____月____日

羁押必要性审查申请书

_____人民检察院：

_____公司及其负责人_____涉嫌_____一案，_____律师事务所接受_____委托并指派_____律师为其提供法律帮助，针对贵院批捕决定，本律师现提出羁押必要性审查申请。

一、_____公司及负责人_____涉案情况

_____

_____

_____。

二、_____公司基本情况

_____

_____

_____。

三、不需要继续羁押的理由及相关证据材料

1._____

_____

_____

2. 因_____掌握公司____%以上的供销渠道，自_____被羁押以来，公司员工从_____余人锐减到_____余人（见附件《员工名册》），目前公司经营困难。不羁押_____有利于救活企业。

3._____主动投案如实供述并认罪认罚，公安机关已查明涉案基本事实，犯罪证据已基本固定。不羁押_____，不妨碍后续诉讼进行。

4._____同时是_____公司的总经理、实际控制人（详见附件），该公司_____。_____工业园管委会已建议人民检察院对其取保候审（见附件《取保建议函》）。

5.《关于政法机关依法保障疫情防控期间复工复产的意见》规定："在涉企业案件办理中，积极推进认罪认罚从宽制度适用，落实少捕慎诉司法理念。办理涉企业案件，能够采取较为轻缓、宽和措施的，尽量不采用限制人身、财产权利的强制性措施。"《关于公安机关办理经济犯罪案件的若干规定》规定："依法慎用羁押性强制措施。采取取保候审、监视居住措施足以防止发生社会危险性的，不得适用羁押性强制措施。"

综上所述，基于单位犯罪、负责人认罪认罚及相关刑事司法政策，_____

的辩护人特申请贵院对其进行羁押必要性审查，因为不羁押_____有利于救活两家企业，有利于稳定就业、保地方经济增长。

此致

_____的辩护人：_____律师

_____年____月____日

第四章

涉案企业与第三方组织、司法机关的良性互动

一、第三方组织及其工作职责

1. 第三方组织的定义

根据《关于建立涉案企业合规第三方监督评估机制的指导意见（试行）》的规定，涉案企业合规第三方监督评估机制（以下简称第三方机制），是指人民检察院在办理涉企犯罪案件时，对符合企业合规改革试点适用条件的，交由第三方监督评估机制管理委员会（以下简称第三方机制管委会）选任组成的第三方监督评估组织（以下简称第三方组织），对涉案企业的合规承诺进行调查、评估、监督和考察，考察结果作为人民检察院依法处理案件的重要参考。该概念中包含了以下几个条件：一是针对符合企业合规改革试点适用条件的企业，二是需要有第三方机制管委会，三是由第三方机制管委会选任组成第三方组织。第三方组织成为独立适用该指导意见的涉企合规制度主体，同时也是涉企合规制度第一个官方司法性文件所单独约束的适用对象。从宏观来看，第三方组织是第三方机制管委会的具体组织形式，工作职责聚焦于统筹性、规范性文件及标准的制定以及相关重大法律政策的研究论证。从微观来看，由第三方机制管委会制作第三方机制专业人员名录库（以下简称名录库），根据具体企业合规案件的不同，从名录库中抽取专业人员形成第三方组织，承担对涉案企业合规整改进行检查、评估及考核的监管职责。

从具体案件出发，承担第三方监督评估职责的主体即第三方机制管委会单独或联合检察机关选任的第三方组织及其组成人员，其肩负个案中对涉案企业的合规考察。第三方机制管委会单独或联合检察机关选任的第三方组织及其组成人员，是制度实践中直接关系涉案企业合规整改效果以及是否能在实质上达到"以合规换取轻缓处罚"的制度效果的关键，因此，也是企业合规能否成功的关键所在。

（1）全国范围第三方机制管委会的组成和职责

《关于建立涉案企业合规第三方监督评估机制的指导意见（试行）》第 6 条规定："最高人民检察院、国务院国有资产监督管理委员会、财政部、全国工商联会同司法部、生态环境部、国家税务总局、国家市场监督管理总局、中国国际贸易促进委员会等部门组建第三方机制管委会，全国工商联负责承担管委会的日常工作，国务院国有资产监督管理委员会、财政部负责承担管委会中涉及国有企业的日常工作。第三方机制管委会履行下列职责：（一）研究制定涉及第三方机制的规范性文件；（二）研究论证第三方机制涉及的重大法律政策问题；（三）研究制定第三方机制专业人员名录库的入库条件和管理办法；（四）研究制定第三方组织及其人员的工作保障和激励制度；（五）对试点地方第三方机制管委会和第三方组织开展日常监督和巡回检查；（六）协调相关成员单位对所属或者主管的中华全国律师协会、中国注册会计师协会、中国企业联合会、中国注册税务师协会、中 2 国贸促会全国企业合规委员会（中国贸促会商事法律服务中心）以及其他行业协会、商会、机构等在企业合规领域的业务指导，研究制定涉企犯罪的合规考察标准；（七）统筹协调全国范围内第三方机制的其他工作。"第 7 条规定："第三方机制管委会各成员单位建立联席会议机制，由最高人民检察院、国务院国有资产监督管理委员会、财政部、全国工商联负责同志担任召集人，根据工作需要定期或者不定期召开会议，研究有关重大事项和规范性文件，确定阶段性工作重点和措施。各成员单位应当按照职责分工，认真落实联席会议确定的工作任务和议定事项，建立健全日常联系、联合调研、信息共享、宣传培训等机制，推动企业合规改革试点和第三方机制相关工作的顺利进行。"

（2）试点地方的第三方机制管委会的组成和职责

《关于建立涉案企业合规第三方监督评估机制的指导意见（试行）》第 8 条规定："试点地方的人民检察院和国资委、财政部门、工商联应当结合本地实际，参照本指导意见第 6 条、第 7 条规定组建本地区的第三方机制管委会并建立联席会议机制。试点地方第三方机制管委会履行下列职责：（一）建立本地区第三方机制专业人员名录库，并根据各方意见建议和工作实际进行动态管理；（二）负责本地区第三方组织及其成员的日常选任、培训、考核工作，确保其依法依规履行职责；（三）对选任组成的第三方组织及其成员开展日常监督和巡回检查；（四）对第三方组织的成员违反本指导意见的规定，或者实施其他违反社会公德、职业伦理的行为，严重损害第三方组织形象或公信力的，及时向有关主管机关、协会等提出惩戒建议，涉嫌违法犯罪的，及时向公安司法机关报案或者举报，并将其列入第三方机制专业人员名录库黑名单；（五）统筹协调本地区第三方机制的其他工作。"

第 9 条规定："第三方机制管委会应当组建巡回检查小组，按照本指导意见第 6 条第 5 项、第 8 条第 3 项的规定，对相关组织和人员在第三方机制相关工作中的履职情况开展不预先告知的现场抽查和跟踪监督。巡回检查小组成员可以由人大代表、政协委员、人民监督员、退休法官、检察官以及会计审计等相关领域的专家学者担任。"

2. 第三方机制专业人员的选任

第三方机制专业人员，是指由涉案企业合规第三方机制管委会选任确定，作为第三方组织组成人员参与涉案企业合规第三方监督评估工作的相关领域专业人员，主要包括律师、注册会计师、税务师（注册税务师）、企业合规师、相关领域专家学者以及有关行业协会、商会、机构、社会团体的专业人员。生态环境、税务稽查、市场监督管理等政府工作部门中具有专业知识的人员可以被选任确定为第三方机制专业人员，或者可以受第三方机制管委会邀请或所在单位委派参加第三方组织及其相关工作，其选任管理具体事宜由第三方机制管委会与其所在单位协商确定。有关政府工作部门所属企事业单位中的专业人员可以被选任确定为第三方机制专业人员，参加第三方组织及其相关工作。有关单位中具有专门知识的退休人员参加第三方组织及其相关工作的，应当同时符合有关退休人员的管理规定。

第三方机制专业人员选任管理应当遵循依法依规、公开公正、分级负责、接受监督的原则。各级第三方机制管委会统筹协调本级第三方机制专业人员的选任、培训、考核、奖惩、监督等工作。国家层面第三方机制管委会负责研究制定涉及第三方机制专业人员的规范性文件及保障激励制度，统筹协调全国范围内涉及第三方机制专业人员的相关工作。上级第三方机制管委会应当加强对下级第三方机制管委会涉及第三方机制专业人员相关工作的具体指导。国家层面、省级和地市级第三方机制管委会应当组建本级名录库。经省级第三方机制管委会审核同意，有条件的县级第三方机制管委会可以组建名录库。名录库将个人作为入库主体，不得将单位、团体作为入库主体。名录库应当分类组建，总人数不少于50人。人员数量、组成结构和各专业领域名额分配可以由负责组建名录库的第三方机制管委会根据工作需要自行确定，并可以结合实际进行调整。省级以下名录库的入库人员限定为本省（自治区、直辖市）区域内的专业人员。因专业人员数量不足未达到组建条件的，可以由省级第三方机制管委会统筹协调相邻地市联合组建名录库。

第三方机制专业人员应当拥有较好的政治素质和道德品质，具备履行第三方监督评估工作的专业知识、业务能力和时间精力，其所在单位或者所属有关组织同意其参与第三方监督评估工作。第三方机制专业人员一般应当具备下列条件。

（1）拥护中国共产党领导，拥护中国特色社会主义法治；

（2）具有良好道德品行和职业操守；

（3）持有本行业执业资格证书，从事本行业工作满3年；

（4）工作业绩突出，近3年考核等次为称职以上；

（5）熟悉企业运行管理或者具备相应专业知识；

（6）近3年未受过与执业行为有关的行政处罚或者行业惩戒；

（7）无受过刑事处罚、被开除公职或者开除党籍等情形；

（8）无其他不适宜履职的情形。

第三方机制管委会一般应当按照制定计划、发布公告、本人申请、单位推荐、材料审核、考察了解、初定人选、公示监督、确定人选、颁发证书等程序组织实施第三方机制专业人员选任工作。第三方机制管委会组织实施第三方机制专业人员选任工作，应当在成员单位或其所属或者主管的律师协会、注册会计师协会、注册税务师协会等有关组织的官方网站上发布公告。公告应当载明选任名额、标准条件、报名方式、报名材料和选任工作程序等相关事项，公告期一般不少于20个工作日。第三方机制管委会可以通过审查材料、走访了解、面谈测试等方式对报名人员进行审核考察，并在此基础上提出拟入库人选。第三方机制管委会可以通过成员单位所属或者主管的有关组织了解核实拟入库人选的相关情况。第三方机制管委会应当将拟入库人选名单及监督联系方式向社会公示，接受社会监督。公示可以通过在拟入库人选所在单位或者有关新闻媒体、网站发布公示通知等形式进行，公示期一般不少于7个工作日。第三方机制管委会对于收到的举报材料、情况反映应当及时进行调查核实，视情况提出处理意见。调查核实过程中可以根据情况与举报人、反映人沟通联系。

第三方机制管委会在确定拟入库人选时应当综合考虑报名人员的政治素质、执业（工作）时间、工作业绩、研究成果、表彰奖励，以及所在单位的资质条件、人员规模、所获奖励、行业影响力等情况。同等条件下，可以优先考虑担任党代表、人大代表、政协委员、人民团体职务的人选。公示期满后无异议或者经审查异议不成立的，第三方机制管委会应当向入库人员颁发证书，并通知其所在单位或者所属有关组织。名录库人员名单应当在第三方机制管委会成员单位的官方网站上公布，供社会查询。第三方机制管委会应当明确入库人员的任职期限，一般为2~3年。经第三方机制管委会审核，期满后可以续任。

3. 第三方机制专业人员的日常管理

第三方机制专业人员根据履职需要，可以查阅相关文件资料，参加有关会议和考察活动，接受业务培训，应当认真履职、勤勉尽责，严格履行相关法律法规及《关于建立涉案企业合规第三方监督评估机制的指导意见（试行）》等有关保密、回避、廉洁等义务。

第三方机制管委会应当结合涉案企业合规第三方监督评估工作情况，定期组织第三方机制专业人员进行业务培训、开展调研考察和座谈交流，总结推广经验做法，并应当指导所属或者主管的有关组织，加强本行业、本部门涉及第三方机制相关工作的理论实务研究，积极开展业务培训和工作指导。第三方机制管委会可以通过定期考核、一案一评、随机抽查、巡回检查等方式，对第三方机制专业人员进行考核评价。考核结果作为第三方机制专业人员奖励激励、续任或者调整出库的重要依据，并建立健全第三方机制专业人员奖励激励制度，对表现突出的第三方机制专业人员给予奖励激励，或向其所在单位或者所属有关组织提出奖励激励的建议。同时及时将考核结果、奖励激励情况书面通知本人及其所在单位或者所属有关组织，可以通过有关媒体向社会公布。第三方机制管委会应当建立健全第三方机制专业人员履职台账，全面客观记录第三方机制专业人员业务培训、参加活动和履行职责情况，作为确定考核结果的重要参考。

第三方机制管委会在对第三方机制专业人员的履职情况开展考核评价时，应当主动征求办理案件的检察机关、巡回检查小组以及涉案企业等意见建议。第三方机制专业人员有下列情形之一的，考核评价结果应当确定为不合格，并视情作出相应后续处理。

（1）不参加第三方组织工作或者不接受第三方机制管委会分配工作任务，且无正当理由的；

（2）在履行第三方监督评估职责中出现重大失误，造成不良影响的；

（3）在履行第三方监督评估职责中存在行为不当，涉案企业向第三方机制管委会反映或者提出异议，造成不良影响的；

（4）其他造成不良影响或者损害第三方组织形象、公信力的情形。

第三方机制管委会对违反有关义务的第三方机制专业人员，可以谈话提醒、批评教育或者视情通报其所在单位或者所属有关组织，情节严重或者造成严重后果的可以将其调整出库。第三方机制专业人员有下列情形之一的，第三方机制管委会应当及时将其调整出库。

（1）在选任或者履职中弄虚作假，提供虚假材料或者情况的；

（2）受到刑事处罚、被开除公职或者开除党籍的；

（3）受到行政处罚或者行业惩戒，情节严重的；

（4）违反《关于建立涉案企业合规第三方监督评估机制的指导意见（试行）》第17条第2款第2项至第4项规定的；

（5）利用第三方机制专业人员身份发表与履职无关的言论或者从事与履职无关的活动，造成严重不良影响的；

（6）考核评价结果两次确定为不合格的；

（7）实施严重违反社会公德、职业道德或者其他严重有损第三方机制专业人员形象、公信力行为的；

（8）其他不适宜继续履行第三方监督评估职责的情形。

第三方机制管委会发现第三方机制专业人员的行为涉嫌违规的，应当及时向有关主管机关，或其所在单位或者所属有关组织反映情况、提出惩戒或者处理建议；涉嫌违法犯罪的，应当及时向有关机关报案或者举报。第三方机制管委会应当建立健全名录库禁入名单制度。对于依照本办法第22条规定被调整出库的第三方机制专业人员，应当列入名录库禁入名单。第三方机制管委会对列入名录库禁入名单的人员应当逐级汇总上报，实现信息共享。第三方机制专业人员因客观原因不能履职、本人不愿继续履职或者发生影响履职重大事项的，应当及时向第三方机制管委会报告并说明情况，主动辞任第三方机制专业人员。第三方机制管委会应当及时进行审查并将其调整出库，并根据工作需要，结合履职台账、考核情况以及本人意愿、所在单位或者所属有关组织意见等，定期或者不定期对名录库人员进行动态调整。名录库人员名单调整更新后，应当依照本办法第 12 条规定，及时向社会公布。

4. 第三方机制的职能定位

随着《关于建立涉案企业合规第三方监督评估机制的指导意见（试行）》的颁布实施，各地区检察机关也相继制定发布了关于第三方机制的文件。例如，深圳市人民检察院印发施行《企业合规第三方监督评估机制管理委员会及第三方监控人管理暂行规定》、宁波市人民检察院印发实施《关于建立涉案企业合规第三方监督评估机制的实施办法（试行）》、上海市浦东新区人民检察院印发实施《上海自贸区涉案企业合规第三方监督评估组织运行管理实施办法（试行）》、广东省佛山市南海区十二家单位联合印发《南海区涉案企业合规第三方监督评估机制工作办法（试行）》，等等。各地颁布实施的有关第三方机制的相关制度文件，既体现了《关于建立涉案企业合规第三方监督评估机制的指导意见（试行）》的合规改革精神，又结合了各地涉案企业合规的现状。因此，我们可以据其将第三方组织的职能总结为以下几个方面。

（1）调查职能——调查清楚企业基本情况、探查企业涉罪动因

《关于建立涉案企业合规第三方监督评估机制的指导意见（试行）》第 1 条将第三方组织的职能明确规定为"调查、评估、监督和考察"，四项职能涵盖了第三方组织在涉案企业自进入企业合规制度直至被检察机关作出不起诉决定的纵向时间轴线，也囊括了第三方组织对涉案企业的由浅入深不断了解企业现状并考察合规整改的横向空间维度。

调查职能，是第三方组织的工作开端，系对涉案企业合规整改评估及考察的先决条件。调查行为本身不仅包含对企业基本情况的了解，诸如经营范围、

所涉行业、组织架构、人员成分以及业务模式等，还应包括对企业涉罪动因的分析，从所涉罪名、构罪行为模式、涉罪主体以及被指控理由等方面，探查企业涉罪与其自身的管理制度、合规体系以及公司治理机制等自身因素的关联性。唯有如此，才能实现企业合规建设与轻缓刑罚的有机连接，实现"以合规换取轻缓处理"的制度初衷。若割裂企业的涉罪行为与企业制度存在的缺陷及漏洞，则无法实现企业合规的现实意义，也无法体现涉企合规制度为企业所换取的"生存空间"。而"调查"一词，也见于企业在面临行政处罚危机或潜在刑事风险时，聘请律师进行的企业内部合规调查。通常而言，律师被聘请为企业进行的内部调查，一般包括四个方面：一是协助企业配合执法调查和刑事调查活动；二是查明直接责任人，进行及时惩戒；三是发现内部管理制度和合规机制的漏洞和缺陷；四是提出进行制度整改和完善合规管理体系的方案。

从由来已久的公司内部调查制度，反观第三方组织在涉案企业合规制度中的调查职能，会发现二者有异曲同工之处，即都是在独立性、合法性的原则和基础上，结合企业的基本情况，对企业违规行为、违规人员以及机制漏洞展开独立的调查活动，查明涉罪公司的制度动因，从而为下一步评估体系、合规体检以及整改完善奠定基础。

（2）评估职能——评价现有合规体系、估判合规整改方案

从第三方组织的外部独立属性来看，其不同于涉案企业自己所聘请的合规顾问，因此并不直接承担对企业进行合规整改以及体系建设的职能，第三方组织所承担的评估职能，更多倾向于对企业进行合规建设或整改之后进行的咨询支持以及建议指导。

第三方组织的评估职能一般建立在涉案企业向第三方组织提交的合规建设计划或合规整改计划的基础之上，第三方组织对合规计划的可行性、有效性及全面性进行评估判断，提出修改或指导建议，以实现涉案企业合规计划的综合性、专业性及完备性。另外，评估职能除了覆盖于上述合规计划构建或整改阶段，也应贯穿于合规计划及方案的实施环节，并作为监督考察的重要事项纳入最终提交给检察机关的书面文件之中。

评估职能，是第三方组织实现监督及考察职能的必要前提。从对企业经营状况的评估、涉案动因的评估、企业制度的评估、企业合规风险的评估乃至对适用涉案企业合规制度后对企业所提交的合规整改方案的评估，最后到对企业落实整改方案、建立健全企业合规体系的状况评估，所有这些评估环节都给第三方组织创造了更全面的途径对涉案企业进行合规整改的情况进行监测，真正实现涉案企业合规制度的初衷。

（3）监督职能——监测合规方案落实、督促合规执行整改

第三方组织所承担的监督职能，应当是不言而喻的。作为一个具有独立性的外部组织，第三方组织是涉案企业合规制度中唯一无利益关联的主体，其监督职能是基于企业同意以合规整改换取检察机关轻缓处理的隐性协议而赋予的，但第三方组织缺乏公权力机关具有强制色彩的权力属性。因此，第三方组织的监督职能并非具有惩罚性的法律监督，而是对涉案企业合规制度建设情况以及合规整改落实情况的一种监察与督促。

从各地检察机关印发的相关指引性规定来看，第三方组织的监督职能主要包括对以下方面进行的持续性、主动性跟进。

一是督促涉案企业提交有效的书面合规计划，同时对该合规计划是否能够构建有效的刑事合规体系进行审查，包括但不限于合规组织架构、合规管理规章制度、合规审查监督体系、合规风险预警及应对、合规分析评估、违规行为的整改机制、合规奖惩机制以及合规文化培养体系等；二是督促企业严格执行其通过审查的合规计划或合规整改方案，以促使企业满足检察机关能够作出不起诉决定的交换条件；三是监督企业在合规整改期及合规考察期内的合法合规行为，避免企业"顾此失彼"而产生其他方面的刑事风险，使企业在弥补现有漏洞及缺陷的基础上，实现未来刑事风险的可控化。

（4）考察职能——考量企业合规价值、洞察企业再犯风险

第三方组织的考察职能，一方面，相比于前述调查、评估及监督职能而言，更倾向于涉案企业合规制度的后半段工作，即合规计划制定后的实施、合规整改方案确定后的履行、合规体系搭建后的落实以及合规评估机制运行后的保障。另一方面，从第三方组织对涉案企业进行考察的效能上来看，不仅包括对企业现有漏洞的填补和制度缺陷的改进，还包括对企业再次犯罪风险或日后涉嫌其他刑事风险的防控和规避。

此外，第三方组织在一定程度上承担了检察机关对涉案企业合规案件办理的职能。《关于建立涉案企业合规第三方监督评估机制的指导意见（试行）》第13条规定，"第三方组织在合规考察期届满后，应当对涉案企业的合规计划完成情况进行全面检查、评估和考核，并制作合规考察书面报告，报送负责选任第三方组织的第三方机制管委会和负责办理案件的人民检察院。"第14条第1款规定："人民检察院在办理涉企犯罪案件过程中，应当将第三方组织合规考察书面报告、涉案企业合规计划、定期书面报告等合规材料，作为依法作出批准或者不批准逮捕、起诉或者不起诉以及是否变更强制措施等决定，提出量刑建议或者检察建议、检察意见的重要参考。"因此，第三方组织对企业的考察结果在一定程度上决定了检察机关是否据此作出对涉案企业的轻缓处理。第三方组织的考察应当包括四个方面：一是对涉案企业所提交合规整改方案或合规体系建设的有效性进行制度考察；二是对涉案企业在考察期内合规计划的履行情况或合规整改方案的落实情况进行实践考察；三是对涉案企业在考察期满后合规计划或整改方案的完成情况进行延伸考察；四是对涉案企业合规完成后的合法合规运行以及再次犯罪的潜在风险进行考察。

从我国目前涉案企业合规制度中对于第三方组织的规定来看，对于第三方组织的成文规定仅限于主体组成和职责以及机制启动和运行等方面。一方面，对于第三方机制是否应当必要适用第三方组织的选任机制、职权范围、主体地

位、追责机制以及费用承担等方面，均缺乏相对完善的制度构建，但从目前的改革精神以及各地的试点情况来看，第三方组织囊括了行政机关、社会团体或组织以及注册会计师、律师等专业人员，避免了单一主体带来的业务领域受限的弊端；另一方面，由检察机关联合八部委组建的第三方机制管委会，不仅纳入了诸如生态环境、税务稽查、市场监督管理等具有专业化色彩的政府工作部门，而且第三方机制管委会还承担着对第三方组织及成员的选任、培训及考核工作，从独立性、专业性方面保障了第三方组织的依法依规履职。我国模式下的第三方机制构建了地区性的名录库，在具体案件中，从名录库中分类随机抽取人员组成第三方组织，实施监管职能。名录库的构建，可以在一定程度上深化第三方组织的独立属性，使其不受职业利益或其他利害关系的约束或牵连。

二、检察机关指导合规工作及其工作方式

1. 人民检察院决定第三方机制的启动

人民检察院在办理涉企犯罪案件时，对于是否启动第三方机制，应当注意审查该案件是否符合企业合规试点以及第三方机制的适用条件，并及时征询涉案企业、个人的意见。涉案企业、个人及其辩护人、诉讼代理人或者其他相关单位、人员应当及时提出适用企业合规试点以及第三方机制申请。对于这一类申请，人民检察院应当依法受理并进行审查。人民检察院经审查认为涉企犯罪案件符合第三方机制适用条件的，可以商请本地区第三方机制管委会启动第三方机制。第三方机制管委会应当根据案件具体情况以及涉案企业类型，从名录库中分类随机抽取人员组成第三方组织，并向社会公示。第三方组织组成人员名单应当报送负责办理案件的人民检察院备案。人民检察院或者涉案企业、个人、其他相关单位、人员对选任的第三方组织组成人员提出异议的，第三方机

制管委会应当调查核实并视情况作出调整。

2. 人民检察院对第三方机制的要求

涉案企业启动第三方机制后，人民检察院应当监督第三方机制的工作情况，及时查阅第三方机制递交的报告。第三方机制应当要求涉案企业提交专项或者多项合规计划，并明确合规计划的承诺完成时限。涉案企业提交的合规计划，主要围绕与企业涉嫌犯罪有密切联系的企业内部治理结构、规章制度、人员管理等方面存在的问题，制定可行的合规管理规范，构建有效的合规组织体系，健全合规风险防范报告机制，弥补企业制度建设和监督管理漏洞，防止再次发生相同或者类似的违法犯罪。同时第三方组织应当对涉案企业合规计划的可行性、有效性与全面性进行审查，提出修改完善的意见建议，并根据案件具体情况和涉案企业承诺履行的期限，确定合规考察期限。在合规考察期内，第三方组织可以定期或者不定期对涉案企业合规计划履行情况进行检查和评估，可以要求涉案企业定期提交书面报告合规计划的执行情况，同时抄送负责办理案件的人民检察院。第三方组织发现涉案企业或其人员尚未被办案机关掌握的犯罪事实或者新实施的犯罪行为，应当中止第三方监督评估程序，并向负责办理案件的人民检察院报告。

第三方组织在合规考察期届满后，应当对涉案企业的合规计划完成情况进行全面检查、评估和考核，并制作合规考察书面报告，报送负责选任第三方组织的第三方机制管委会和负责办理案件的人民检察院。人民检察院在办理涉企犯罪案件过程中，应当将第三方组织的合规考察书面报告、涉案企业合规计划、定期书面报告等合规材料，作为依法作出批准或者不批准逮捕、起诉或者不起诉以及是否变更强制措施等决定，提出量刑建议或者检察建议、检察意见的重要参考。

3. 人民检察院启动第三方机制后的具体职责

人民检察院在办理涉案企业合规案件时，应当履行下列职责。

（1）对第三方组织组成人员名单进行备案审查，发现组成人员存在明显不适当情形的，及时向第三方机制管委会提出意见建议；

（2）对涉案企业合规计划、定期书面报告进行审查，向第三方组织提出意见建议；

（3）对第三方组织合规考察书面报告进行审查，向第三方机制管委会提出意见建议，必要时开展调查核实工作；

（4）依法办理涉案企业、个人及其辩护人、诉讼代理人或者其他相关单位、人员在第三方机制运行期间提出的申诉、控告或者有关申请、要求；

（5）《刑事诉讼法》《人民检察院刑事诉讼规则》等法律、司法解释规定的其他法定职责。

人民检察院在办理涉案企业合规案件时，如发现涉案企业在预防违法犯罪方面制度不健全、不落实，管理不完善，存在违法犯罪隐患，需要及时消除的，可以结合合规材料，向涉案企业提出检察建议。涉案企业在合规整改结束后，人民检察院已经作出不起诉决定，但是认为需要给予行政处罚、处分或者没收其违法所得的，人民检察院应当结合合规材料，依法向有关主管机关提出检察意见。

人民检察院在处理涉案企业合规案件时，如通过第三方机制，发现涉案企业或其人员存在其他违法违规情形，应当依法将案件线索移送有关主管机关、公安机关或者纪检监察机关处理。人民检察院对于拟作不批准逮捕、不起诉、变更强制措施等决定的涉企犯罪案件，可以根据《人民检察院审查案件听证工作规定》召开听证会，并邀请第三方组织组成人员到会发表意见。

三、律师代表企业与第三方组织、检察机关展开良性互动

律师对于涉案企业能否成功通过合规验收实现重生至关重要。合规管理工

作是一项复杂的系统工程，涵盖立法、执法、司法、企业管理等多个层面，需要汇集各方智慧，凝聚多方力量。作为法律服务提供者，律师熟练掌握法律法规，深谙法律适用的规则与技巧，拥有敏锐的风险预判能力。来自实务操作的丰富经验让律师在分析行业态势、把握监管政策以及搭建政商沟通渠道等方面拥有天然的优势。一言以蔽之，企业构建合规管理体系一定需要律师的帮助。具体而言，律师的作用主要体现在以下几个方面。

1. 精准识别与防控合规风险

合规风险的识别与防控是合规管理的基础，其目的是通过识别企业潜在的合规风险行为，采取积极的管理措施管理风险，以避免企业合规目标无法达成。合规风险的识别除了需要企业内部力量，也有赖于律师提供的外部视角和智慧，若想识别合规义务及隐藏风险，企业单单依靠自身是困难且容易造成疏漏的。借助律师的专业法律服务，企业不仅可以了解权利义务内容，还可以从深层次上把握立法本意，分析监管态势，即便是在无明确法律法规依据可供参考时，企业也依然能做出正确的决定。合规风险的识别与防控需要律师掌握特定的方法，即把握合规义务、合规风险及企业内部权力的一致性关系，以及由一致性关系推演出来的风险分布特征，然后确定需要加强管控的关键业务和岗位范围、梳理权责事项并形成清单、查找合规风险点并确定风险等级、拟订风险应对计划和措施，在具体操作过程中，律师可以依托基于流程的合规风险识别和基于岗位的合规风险识别两种方法来进行分析和评估，在充分了解企业所在行业、主营市场、业务模式、业务流程、风险偏好等的基础上，对企业经营所涉及的内外部规范进行全面审查，充分识别企业面临的各项合规风险，分析该风险的成因、发展、后果，并立足企业的经营实际，拟定可行的防控措施并植入合规管理流程制度。

2. 系统化设计合规管理体系

合规管理是舶来品，目前世界范围内通行的操作指南、指引等，大部分是英美等发达国家基于合规实践形成的智慧成果，其在法治环境、市场状况、执法逻辑等方面，都与我国国情有着不可回避的显著差异。如果我国企业在构建合规管理体系的过程中直接照搬外国经验，显然会水土不服。同时，合规管理又是复杂的系统工程，不仅涉及各项制度建设，还要考虑权责划分及责任落实，以及业务流程和岗位权力的全面覆盖。合规管理的终极目标是从制度合规走向体系的合规，这就要求律师在帮助企业构建合规管理体系时，通盘考量并做好顶层设计，以兼顾局部与整体、风险防控与企业发展为基调，既着眼于单项制度的建设也注重制度的系统化设计，既着眼于合规部门的独立性也注重其与法务、风控、审计等其他岗位的协同配合，既着眼于职责划分的各司其职也注重彼此间的分工协作，最终实现合规管理与财务管理、市场管理的彼此衔接、相互配套，形成嵌入与融合的综合效应。

3. 制定实操性强的合规指引

合规管理在企业的真正落地，离不开清晰、简洁、易懂的合规操作指引。合规操作指引，是将企业经营所有环节、所有流程进行明确并制定操作规范，只要据此操作，则可最大限度地避免合规风险。企业经常会出现的问题是，合规部门因履行管理和控制职能而招致业务部门的非议，市场营销人员与承担合规管理职能人员的理念分歧和操作冲突。比如：营销人员找来了客户，签约时被法务部门告知存在重大风险不能通过，或者营销人员的"公关费用"因没有合适的票据无法通过财务报销等，上述问题的根源是企业没有厘清合规义务的分配，合规管理也没有嵌入企业的经营过程。如果在合规操作指引中将业务人员应履行的合规审查义务予以明确，如接洽潜在签约对象时，应当对潜在签约对象进行身份信息、登记信息、信用信息、许可信息、重大交易必备文件等基本情况的审查，就能够有效缓解业务与合规之间的冲突，提高企业运营效率。

4. 推动企业形成合规文化

建立合规管理体系不是企业合规管理的终点，引导企业所有员工（包括企业家和管理人员）树立合规意识，养成合规习惯，并最终在企业内部建立合规文化，才是企业的终极目标。因为意识上的合规比行动上的合规更重要，没有在认知层面先做认识和调整，工具和方法会缺乏根基。合规文化是企业长期传承、沉淀出来的以规则为导向的行为规范、思维方式和价值观的总和，体现的是企业面对规则的姿态，也是企业做好合规的动力之源。文化是看不到且不可量化的，但管理体系能够以可视、可感知的方式固定合规价值理念与导向，并与组织结构和控制系统相互作用，从而产生合规的行为规范。律师通过参与企业合规管理体系构建的全过程，为企业搭建合规管理组织架构，制定覆盖全体员工的行为准则，建立并完善适合企业实际的合规管理制度，提供形式多样且有针对性的合规培训与指导，将合规理念和义务渗透并融入企业运营的各个环节，能够逐渐在企业内部培育合规文化的土壤，以润物无声的方式将合规文化内化于心、外化于行，成为企业所有个体的行动自觉，为企业建立起最坚实稳固的合规风险防线。

律师、第三方组织、检察机关在企业合规中都属于不可或缺的重要环节，律师是连接涉案企业与第三方组织、检察机关的桥梁，涉案企业合规申请、合规计划书、合规整改情况、合规制度落实情况、合规工作成果等，基本上由律师制定并落实到合规企业。第三方组织对涉案企业合规计划书的意见与建议、每一次对涉案企业进行合规检查时所发现的问题及涉案企业合规整改情况的报告，都由第三方组织负责收集并反馈给涉案企业。人民检察院根据涉案企业情况决定是否启动第三方机制，查阅合规计划书、第三方组织报告、对涉案企业作出相关的处理意见等。三者的工作相互配合、相互支撑，保障涉案企业能够顺利地进行合规、通过合规。因此，律师的作用不限于涉案企业内部，其与第三方组织、人民检察院的沟通、衔接是否顺畅，能够直接或者间接地决定涉案企业合规的整改能否成功，所以如何做好律师的工作至关重要。有鉴于此，律师可从以下几个方面开展工作：（1）深入了解涉案企业生产经营状况及其所涉及的犯罪事实，立足于涉案犯罪事实，厘清合规整改的重点、难点，从多方位入手，保证涉案企业能够将高效、高质量整改到位。（2）多听取第三方组织的意见与建议，多与第三方组织沟通、交流整改过程中的难点，集思广益，保证整改是既能够符合企业的现实情况又能够符合第三方组织的要求。对于第三方组织给企业指出的不足之处，要认真记录，督促企业及时完善，并形成整改报告，及时报告第三方组织。（3）及时与人民检察院沟通企业合规整改情况，并定期向人民检察院汇报整改成果，对于第三方组织、人民检察院提出的意见与建议，一定要有书面记录，并第一时间要求企业按照要求进行整改。整改完成后，将整改成果形成书面材料，向人民检察院汇报。以上三方面系在立足企业实际情况的基础上，制定符合企业自身要求的合规措施，并将第三方组织、人民检察院的要求融入其中，保证整改既能够符合企业自身要求又能经得起第三方组织、人民检察院的审查，三方保证高效、高质量完成整改，这是律师与第三方组织、人民检察院良性互动后，对企业合规所带来的益处，也是涉案企业合规不可或缺的一环。

【律师点评】

第三方组织承担了考察涉案企业是否整改到位的任务，第三方组织成员是由第三方机制管委会从名录库中挑选出来的，企业的整改方向及犯罪的类型不同，第三方组织成员的组成也会不同。第三方组织会多次到企业进行检查，一项一项地落实整改措施。因此，涉案企业必须结合企业的实际经营情况进行整改，并及时给第三方组织答疑解惑，精准分析各项整改措施的意义。对于第三方组织提出的整改意见一定要虚心接受，并落实到企业的整改措施当中，整改到位后一定要及时向第三方组织汇报整改成果，保证整改措施的及时性与准确性。

人民检察院是涉案企业合规的决定者与验收者，合规程序的启动、验收都依赖于人民检察院，因此，人民检察院的作用地位更甚于第三方组织。人民检察院决定对涉案企业启动合规程序后，是非常希望涉案企业能够通过合规整改的。第一，该企业有拯救的价值，若拯救成功则可以推动社会经济的发展；第二，政策上是鼓励涉案企业进行合规整改的。因此，与人民检察院进行沟通，听取其意见跟建议就尤为重要。因为人民检察院提出的整改方案往往能够决定企业的合规是否能通过验收。

律师在涉案企业合规中代表的是企业，其能够根据企业的实际情况制定整改措施，并向企业传达人民检察院、第三方组织的意见与建议，并监督企业落实到位，同时涉案企业一旦有突发情况，律师往往也能够及时向第三方组织、人民检察院进行汇报并制定应对措施，其作用与地位在合规整改中并不亚于人民检察院、第三方组织。涉案企业能够成功地通过合规验收，往往与律师的认真负责密不可分。

【企业应对】

涉案企业要听从人民检察院、第三方组织、律师的安排，执行合规措施不流于形式，对于第三方组织、人民检察院提出的意见与建议要虚心接受，并整改到位。人民检察院、第三方组织、律师在合规方面都是专业的，一旦发现涉案企业合规整改流于形式，涉案企业势必无法通过合规验收。因此，涉案企业一定要听从安排，将合规整改措施执行到位。

【办案心得】

律师办理涉案企业合规的过程中，首先要弄清楚涉案企业合规的重点、难点以及涉案企业存在的问题，然后再根据问题制定合规整改方案。人民检察院、第三方组织对合规整改方案提出意见的，律师要对方案进行调整，得到确认后，再交由企业负责具体执行。执行过程中律师要能够全程参与，并及时与第三方组织、人民检察院汇报合规整改方案的执行情况。有难点或者无法执行必须调整的，在取得第三方组织、人民检察院的意见后进行调整，保证所有的合规整改措施既符合企业的实际需求也符合合规整改的理念，保障了企业的长远发展。

四、相关文书参考样式

××××公司合规整改
工作第一阶段完成工作报告

企业合规第三方组织：

我公司在合规整改开始后，已经充分认识到了自身犯罪行为的错误，现已经初步完成第一阶段的工作。

一、我公司管理层对于本案进行了深刻、全面的反思，认识到了自身犯罪行为的错误，并针对公司生产、经营、管理的各项制度存在的漏洞及风险点进行了全面排查、分析，将知识产权类法律风险列入我公司现阶段面临的重要法律风险，也是本次合规首要解决的问题，同时对安全生产、产品质量、商业贿赂、财税、金融、公司管理秩序、市场秩序等方面的法律风险也进行了分析。现我公司基本对所有风险进行了排查，摸清楚成因，并对公司各个部门面临的主要法律风险进行区分。

二、我公司已经制定了《公司章程》《公司合规管理办法》《知识产权保护及风险防范制度》等各项制度，并依据第三方组织意见与我公司实际情况进行修改，为公司的合规整改提供了整体方向与实施细则，有效帮助公司的合规措施顺利开展。我司已将所有制度在相应的执行部门上墙张贴，并组织公司员工进行学习，保障制度的执行。

三、我公司在原有构架的基础上设立合规委员会，由总经理担任合规委员会的主任，各个部门负责人担任合规委员会的委员，另设合规联络员，公司监事担任合规监督员，由总经理从整体上负责合规计划在公司的执行，各个部门负责人负责具体落实合规计划的职责，并由合规联络员及时了解各个部门合规计划的执行情况，并向总经理及时汇报，合规监督员负责监督公司所有部门合规计划的执行情况。以上人员的分工，保障了合规计划在公司的有效运行。

四、我公司已经召开了员工合规大会、管理层也已经进行了反思、所有员工都已经签订了合规承诺书，所有的员工对合规整改已经有了充分的认识，公司从上到下积极拥护合规整改计划的落实。

五、生产车间的工作人员都已经进行了上岗培训，并就特殊岗位取得了专业证书，同时所有生产机器都已经张贴操作规程，并定期进行了保养、检验，仓库保管员严格物料的入库与产品出库，并形成书面记录，质检员及时对产品进行检验，并形成了合格产品与不合格产品的处理机制，保障公司出厂的产品都是合格的产品。

以上情况是我司合规整改第一阶段的工作报告，请第三方组织予以验收！

×××× 公司

×× 年 ×× 月 ×× 日

×××公司
第一次整改自查验收报告

企业合规第三方组织专家组（下称"专家组"）：

×××公司涉嫌犯×××罪一案，依×××公司申请，符合企业合规试点以及第三方机制适用条件，×××人民检察院已商请×××第三方机制管委会组成第三方组织（专家组）。专家组成立后，先后×次对×××公司递交的《合规计划书及附件》出具《专家审查意见书》。××年××月××日，专家组到达×××公司实地考察合规计划履行情况。××年××月××日，专家组出具了《×××公司考察报告》，提出了考察中发现的问题及建议。现×××公司已将合规计划执行过程中存在的问题自查整改完毕，并向专家组作出如下报告。

一、《合规计划书及附件》已经符合×××公司企业合规的实际情况，具备可行性、可持续性、有效性

×××公司多次听取专家组的专家审查意见，再结合公司自身合规计划的实际情况，已于××年××月××日向专家组提交了《合规计划书及附件》。该合规计划书及附件已经符合×××公司企业合规的实际情况，也与专家组提出的《专家审查意见书》相符合，×××公司执行该计划书也具备可行性、可持续性、有效性。

二、×××公司合规委员会成员对合规计划进行了深入学习，充分意识到了合规整改对公司的重要性，也加强了公司管理层合规整改的主观能动性

×××公司合规委员会成员通过深入学习合规计划，已经从思想上认清企业合规的目的是让企业持续有效发展。企业通过完善、落实合规制度，保障企业合规的真正执行到位，杜绝把合规整改流于形式，要在企业经营过程中体现合规整改的预防作用，预防违法行为的发生。×××公司在以后的经营过程中，会充分发挥主观能动性，坚持落实合规制度，自查合规成效，并根据实际情况持续完善合规制度。

三、×××公司所有员工都已经严格按照《合规计划书及附件》的要求，执行公司规章制度，履行自身的工作职责，确保合规计划能够落实到位

×××公司在专家组考察完毕后，对各个部门员工在《合规计划书及附件》中的工作职责细化区分，保障合规计划能落实到位，主要体现为以下几点。

1.××部门的所有员工学习合规制度描述。

2.同上。

3.同上。

4.×××公司落实了监事的监督职责，所有部门合规计划的执行情况都在监事的监督范围之内，监事直接向股东会负责，同时监事也负责处理所有举报事宜，全方位保障合规计划在公司的落实。

四、×××公司对存在的问题逐一进行了整改，保证《合规计划书及附件》的有效执行

具体整改过程描述。

以上为×××公司第一次整改自查报告，请专家组予以验收！

×××公司

××年××月××日

×××公司
第二次整改自查验收报告

企业合规第三方组织专家组（下称"专家组"）：

×××公司涉嫌×××罪一案，依×××公司申请，符合企业合规试点以及第三方机制适用条件，×××人民检察院已商请×××市第三方机

制管委会组成第三方组织专家组。专家组成立后，在××年××月××日、××年××月××日到达×××公司实地考察合规整改情况，并指出×××公司在合规整改中存在的问题。现×××公司已将专家提出的问题自查整改完毕，并向专家组作出如下报告。

一、描述问题一整改情况（内容略）。

二、描述问题二整改情况（内容略）。

三、描述问题三问题整改情况（内容略）。

四、描述问题四整改情况（内容略）。

……

以上为×××公司第二次整改自查报告，请专家组予以验收！

×××公司

××年××月××日

涉案企业合规考核现场检查回访记录

时间：××××年××月×日

地点：×××公司

检查人员：×××人民检察院×××检察官

　　　　　×××人民检察院×××检察官

合规第三方专家组成员：×××

涉案企业人员：×××，法定代表人×××

记录人：×××，××律师事务所律师

（到会人员进行签到）

检察官：×××公司因涉嫌×××犯罪，应×××公司申请，×××人民检察院经审查并层报×××省人民检察院批准后，认为×××公司涉嫌犯罪案件符合第三方机制适用条件，对该企业适用涉案企业合规第三方监督。现第三方专家组已完成该企业的合规考察。依据相关规定，检察机关对×××公司的合规情况进行现场检查及回访，请问×××公司是否愿意接受检查及回访并予以配合？

企业代表：愿意接受检查及回访，非常感谢检察机关给予的合规整改机会，×××公司全力配合检察机关开展工作。

检察官：这一次检查及回访的主要原因是希望企业能够将合规落到实处，而不是进行纸面上的合规，合规工作流于表面是不行的。之前就有过一个企业，将合规工作流于形式，继续从事违法违规的生产经营活动，现在已经被查处了。希望你们能够吸取他们的教训，不要再重蹈覆辙，将你们企业的合规制度落到日常的生产经营之中。

第三方专家组代表：你们×××公司的合规工作前一阶段做得不错，也通过了专家组的验收。但是验收通过仅仅是开始，并不是结束，刚刚检察官也说了，一定要实质合规，不能流于形式，否则会重蹈覆辙，希望你们企业能够记住。今天检察官与专家组成员前来的目的是要对你们的合规工作进行检查、回访，希望你们配合，并将合规工作继续融入企业的日常经营中。

企业代表：好的，我们公司自从开始企业合规以来就一直在将相关合规制度落实到日常生产经营中，现在我们公司可以随时接受检察机关、专家组的检查，我们公司也一定会吸取教训，保证不会再出现类似的犯罪行为。

检察官：好的，希望你们能够记住你们今天的承诺，我们检察院是相信你们的。你们把企业合同签订、产品生产、质检、发货等一套材料现在展示给我们看。

企业代表：好的。（公司财务部负责人将提前准备好的材料交给检察官检查）

律师：（介绍这些材料中体现出来的公司的合规制度，首先……其次……

再次……这个制度是根据专家组多次建议所形成的，也是合规制度所要求的流程。）

检察官：好的，我明白了。书面的材料审查已完成，我们去厂区看一下，检查一下你们的生产经营情况。

公司代表：好的。

一行人来到了生产部门。

检察官：我们边走边看，你简要地介绍下工厂生产的合规情况吧。

企业代表：（介绍公司生产流程及合规制度的落实情况。）

检察官：嗯，你说的这些情况确实都已经落实到位了，你们工厂也确实比之前规范、有序多了。之前整个厂区混乱不堪，机器设备标识不明，大部分消防器材都是损坏的。现在就好多了，希望你们能够继续保持。这是一个良好的习惯，也对你们的生产经营是有帮助的。

公司代表：公司已经将各个部门合规的要求传达给各个岗位了，我们公司一定会是实质性的合规，不会流于形式，请两位检察官放心。

检察官：好的。今天的检查回访工作也差不多了，希望你们公司能够珍惜这一次机会，将合规工作落到实处，并坚持下去。这既是尊重国家法律，也是对你们自己的一种保护。希望你们能够抓住机会，努力发展，回报社会。最后希望你们公司能够越做越好、越做越强！

检查、回访工作结束！

第五章

律师对涉案企业的尽职调查

·
·
·

尽职调查是企业或个人在与另一方签订协议或合同或采取必要的商业行为之前，通常被期望实施的调查行为。其本质是较为快速且深入地了解对方的一个手段、途径，有助于提高决策者所获取信息的数量和质量，以供决策者利用该等信息考虑商业决定及其相关的成本、效益和潜在风险。刑事合规尽职调查是尽职调查手段在刑事合规领域的运用。涉案企业一旦根据《关于建立涉案企业合规第三方监督评估机制的指导意见（试行）》开展合规整改工作，便需要研读检察机关所出具的检察建议书（如有），明确合规整改方向，进行刑事合规尽职调查。

一、主要内容

常规的尽职调查核查的重点虽然依据项目不同而差别很大，但每个项目都主要围绕股权、业务、财产、人员、合规五个方面展开。这是一家企业经营运作的五个核心基本面，以此为着手点，即使不记得需要核查的小项，也不会遗漏大的核查范围。其中股权部分包括历史沿革、股权结构；业务部分包括主营业务、重大资产变化及并购；财产部分包括主要资产，重大债权、债务及财务税务；人员部分包括创始股东、董事、监事、高级管理人员；合规部分需要重点核查的包括关联交易和同业竞争、环境保护、产品质量以及诉讼、仲裁和行政处罚。

刑事合规尽职调查的核查重点除了上述常规尽职调查的重点，还需要紧密围绕企业可能存在的刑事风险进行核查。例如，在对手握海量数据的互联网大数据企业进行诉前企业刑事合规尽职调查时，需要重点关注企业对数据的收集、使用及提供三个阶段，以各阶段的所有行为判断企业的刑事风险，具体包括但不限于侵犯公民个人信息罪、拒不履行信息网络安全管理义务罪、破坏计算机信息系统罪、非法获取计算机信息系统数据罪、非法侵入计算机信息系统罪等罪名。

此类合规尽职调查是企业对于合规工作的自我检视，可作为企业合规有效性评估的重要组成部分。在该类合规尽职调查中，企业具有双重身份，既是委托调查方，也是被调查的目标企业。履行尽职调查职责的一方既可以是独立的外部机构（如律师事务所等），也可以是企业内部履行合规管理职责的法律合规牵头部门。调查机构在开展合规尽职调查时秉承独立、客观的原则，通过文档审阅、现场检查、问卷调研、人员访谈、信息数据分析等方式，对企业合规体系建立情况、业务所涉高风险领域、内外部监管情况进行全面检视。企业内部法律合规部门牵头开展该类合规尽职调查的，可充分发挥首席合规官领导作用，实施风险、内部控制、合规协同联动工作机制，充分吸纳财务、审计、纪检及业务部门检查成果，查找企业合规管理缺漏项，评估现有合规体系建设成效，有针对性地开展合规分析、自查及改进。

二、调查流程、方法与注意事项

1. 如何进行刑事合规尽职调查

（1）了解你的客户

一是了解你的客户的基本情况，研究目标公司所处的行业。在刑事合规尽职调查清单起草前，可以对客户企业所处行业做一定的研究。通过企查查、天眼查、巨潮资讯网（如果企业是上市公司）等途径了解企业的基础信息，着重掌握企业的所属行业、监管机构、业务范围、经营体量等方面的信息。同时，通过检索企业所属行业、所开展业务的相关监管法规及行业规定，了解企业行业或商业惯例等方式，方便后续与企业经营者的沟通。

二是要听企业经营者介绍。企业经营者对其企业状况了解最为全面，因此他对风险的体会最为深刻。在开展刑事合规尽职调查工作之前，一定要听企业经营者关于其担心的问题的介绍，了解企业及企业所处行业近期受到的监管调查、执法处罚、刑事立案侦查等情况，但是企业经营者并不专业，且"身在此山中"，对问题的分析和把握不一定准确，需要通过别的渠道予以分析、对照。

三是要了解企业经营的模式和业态、规模大小，了解公司经营的重点环节，以此来预测公司经营中的法律风险。比如，笔者在对一家在线教育机构进行刑事合规尽职调查时，经过了解得知，该行业销售部门在公司经营中占有重要地位，因此其突出问题是向客户夸大效果、虚假宣传，以提高业绩甚至骗取财物。学员对此反响强烈，投诉乃至报案时有发生。因此，诈骗类犯罪、虚假广告犯罪较为常见。此外，由于这类企业掌握大量学员信息，侵犯公民个人信息罪也常有发生。

四是要从类案检索中分析风险。每个行业、每个领域存在的风险都有其特点、特性，因此，在开展工作前做类似企业犯罪案件的检索，分析常见的犯罪、发生犯罪的环节和原因，对于起草刑事合规尽职调查清单、明确合规重点，分析原因和提出合规建议都有重要意义。比如，在商业银行信贷业务刑事风险的排查中，有关部门通过类案检索，发现在信贷业务中商业银行作为潜在的被害人可能遭受的犯罪侵害至少有贷款诈骗罪，骗取贷款、票据承兑、金融票证罪，高利转贷罪。同时，作为可能的被告人，商业银行或其从业人员可能面对的刑事指控至少有违法发放贷款罪。又如，在商业银行储蓄业务中，商业银行作为潜在的被害人，可能遭受的犯罪侵害有伪造、变造金融票证罪，金融凭证诈骗罪等，同时，作为可能的被告人，商业银行或其从业人员可能面对的刑事指控有吸收客户资金不入账罪。

（2）起草刑事合规尽职调查清单

刑事合规尽职调查清单是和客户企业打交道的开始，该清单往往汇集了需要客户企业整理提供的刑事合规文件资料，以及需要说明的问题。根据客户企业所属的行业、业务类型、风险点的不同，刑事合规尽职调查清单往往有较大的差别。一般而言，相较于投资、并购等活动中的尽职调查文件清单模板，刑事合规尽职调查清单形成清单模板的难度较大，而一份好的刑事合规尽职调查清单是给客户企业的"见面礼"。那么，一份好的刑事合规尽职调查清单至少需要哪些因素呢？笔者认为，好的尽职调查清单至少应简洁、明晰，与客户企业可能存在或已经存在的刑事风险具有高契合度。那么，应如何草拟一份好的刑事合规尽职调查清单呢？

一是律师应在刑事合规项目中积累模板，在开展具体的刑事合规工作时根据客户企业的类型调整清单结构。刑事合规尽职调查清单一般包括公司基本信息、治理体系、组织结构、公司业务管理制度、实际运行情况等内容。需要尽可能删去对客户企业不适用的内容，如客户企业是一家互联网游戏企业，那么对判断是否涉嫌污染环境罪的环保项下的污染物排放、环保检测报告、排污许可证等内容就可删去。

二是要结合前期"了解客户企业所处行业，预测企业突出刑事风险"的结果，有的放矢地要求客户企业提供重点部门、重点业务等相关材料。需要特别注意的是，刑事合规尽职调查资料收集时宜包含企业或相关人员出具的可能涉嫌的犯罪成因分析或者他们所担忧的可能存在的刑事风险，这样有助于短时间内精确定位风险源，并与高风险岗位人员进行精准交流。例如，对于一些电商销售平台，结合其行业特性及之前对于该行业刑事风险的预判，刑事合规尽职调查清单中需要企业提供的制度包括财务、人事、销售、货物质量、售后、客户信息管理和员工奖励惩处等制度，重点包括销售规范化制度体系。

刑事合规尽职调查清单可以选择以表格的形式呈现，内容通常包括律师免责声明、企业业务模式、组织架构、部门设置及岗位职责、公司治理、合同管理、已有合规措施及合规制度等方面的内容。案情不涉及的内容一般不作收集，以节约企业的精力和资源。清单的作用不仅在于能够帮助企业梳理自身资料和业务，也在于帮助律师加深对企业的了解。对于遗漏或者需要再深挖的地方，律师可以通过合规尽职调查补充清单的形式再次或多次请企业配合补充提供资料。对于企业无法通过资料确认的事项，可以要求其出具书面的说明或承诺。

（3）调查与收集资料

调查与收集资料是尽职调查过程中最为重要的一环。律师应当通过各种渠道收集资料，并验证其可信程度，主要方法包括：

①公开信息检索。通过官方权威数据库检索，调查了解涉案企业是否曾经因不合规行为受到调查、指控和处罚。

②开展人员访谈。根据受访人员的部门、岗位、职责、业务等情况提前制定访谈提纲，围绕案发原因及检察建议收集基本信息，根据经验判断存在的合规风险源。分析所收集的资料后，联系企业安排访谈相关人员。实践中也可以在收集资料之前或同时进行访谈，但是可能会因为对企业了解得不深入而需要再次约见受访人员。受访人员可能是高级管理人员，也可能是不能轻易离岗的技术人员，更可能是长期在外风吹日晒的销售顾问。所以，笔者推荐尽量在做好准备以后再开始有针对性的访谈，至于后续补充的小问题，则可以通过书面的方式获取回复。访谈宜按照访谈提纲进行，但访谈提纲不是万能的，在访谈过程中如果根据经验判断存在合规风险源，则需要随机应变，追加问题。在笔者处理的某上市公司刑事合规项目中，公司提供的书面文件乍一看非常齐全，也比较符合上市公司的监管规则，笔者的访谈提纲也主要是围绕案发原因及检察建议收集一些基本信息的问题。但在访谈过程中，笔者发现该公司在销售人员的管理上稍显松弛，对销售人员与客户的接触并未规定严格的红线，加上该公司的绩效要求，销售人员很容易在业绩压力下产生不够规范的行为。在后期的合规体系建设中，笔者针对访谈中暴露的上述问题，对该企业制度进行修改。访谈内容要留有底稿记录，最好由受访者签字确认。

③收集文件资料。全面收集掌握关于公司股权结构、组织架构、人事用

工、安全生产管理制度、财税制度等相关资料，通过全面细致地梳理公司现有制度，准确掌握涉案企业涉嫌刑事犯罪的成因，明确下一步合规整改方向。值得注意的是，对于客户企业内部制度等材料不应一味求多，应做到有的放矢，明确重点，结合前期对企业突出刑事风险的预测要求企业提供重点部门、重点业务等相关材料。需要根据刑事合规材料清单，核对企业所提供的所有书面材料，核查是否存在遗漏和待补充材料，并对客户提供的刑事合规材料进行交叉审查，全面了解企业的业务决策、执行和监督情况，着重排查客户可能存在的刑事法律风险。此外，在对刑事合规材料进行审阅的过程中，还应对可能涉及的其他民事、行政法律风险一并进行排查。

④开展现场调查。针对涉案企业发生重大生产责任事故罪的刑事合规尽职调查，可通过实地走访涉案企业生产车间、事故现场，实地了解引发合规风险的真正诱因，与相关负责人、技术人员共同研究制定整改措施，确保合规整改的有效性。具体包括：前往客户企业办公场所，对企业的办公环境、组织结构、内部合规宣传和培训情况等进行全方位的考察和记录。查阅客户企业的对外官网，了解其对外官网页面内容，核查经营业务范围、对外宣传力度等与实际经营情况是否存在偏差等，如针对在线教育机构的刑事合规项目，要查阅其官网内容中的课程内容、价格、师资力量等与实际情况是否相符，了解客户的对外宣传力度、实际经营内容等。又如，在商业银行刑事合规项目中，要认真查阅商业银行对外的官网页面，了解银行官网页面中所提供的个人服务、公司服务、信用卡服务等板块所涵盖的具体业务内容，将其与前期的资料审查和现场访谈中所知悉的实际情况作深入对比，从而排查刑事风险。走访企业客户群体，听取客户对企业的反映和意见等。

⑤其他调查方法。根据实际尽职调查工作进展情况和遇到的疑难复杂问题和新情况新变化，可采取内部讨论、与企业专业团队商讨、咨询专家辅助人员意见等多种形式，实现涉案企业合规尽职调查工作的全面性、准确性。

（4）梳理材料及识别风险

全面梳理企业制度、业务流程以及相关人员访谈记录，结合检察建议、犯罪成因分析并参考该类型企业通常面临的合规风险源，结合经验，识别涉案企业存在的合规风险源以及高风险岗位。此步骤宜根据人员、部门、业务环节等信息形成详细的表格。

2. 刑事合规尽职调查结果的运用

对于识别出来的合规风险源，要进行合规风险评价，以确定工作重心。律师可以从与案件的关联程度、风险严重程度、发生频率、企业现有应对风险的措施有效性等多方面予以评价。在评价中，与案件的关联程度越高、严重程度越高、发生频率越高、企业应对措施有效性越低或者不存在应对措施的风险，将是该次合规整改的重点。基于相称性及必要性原则，与案情无关且不紧急的合规风险源，通常不会在第一时间进行处理。评价的过程和结果，可以采取风险热力图的形式记录和展示。

梳理出风险可以通过修订现有制度或新设制度行处理。制度可以看作合规意识的实体化和具体运用，于是更深层次地、潜移默化地影响员工的意识，在制度无法准确覆盖某些场景的时候，帮助其判断什么是公司所倡导和鼓励的，什么又是将受到调查和惩处的行为方式。制度是死的，唯有结合企业合规文化与惩戒机制，才能在很大程度上弥补前者灵活性上的不足。

3. 动态和持续的刑事合规尽职调查

随着时间推移及企业内外部环境的变化，新的合规风险源随时可能出现。如果合规体系中未包括动态和持续的刑事合规尽职调查程序，那么合规体系很有可能因为无法适应新的变化而出现漏洞，从而部分丧失有效性。

企业应当设立定期的刑事合规尽职调查或者在特定情况发生时触发刑事合规尽职调查，以评估企业是否存在新的风险源，并相应更新合规体系。通常在发生下列情形时，企业宜通过尽职调查手段再评估合规风险。

（1）企业出现新的或变更的活动、产品或服务；

（2）企业组织结构或战略改变；

（3）企业出现重大的外部变化，如金融经济环境、市场条件、债务和客户关系；

（4）企业的合规义务发生改变；

（5）企业发生并购、重组；

（6）企业出现了不合规事件（即使是单一的不合规事件也可能构成针对情势和未遂事件的实质变化）。

结合了传统商业尽职调查及刑事案件分析梳理两方面工作内容的刑事合规尽职调查，服务于不同以往的尽职调查背景和目的，将成为律师进行一定创新、探索的领域，其也因新兴性将成为新背景下律师展开合规整改工作的重要工具，更进一步地，此类调查具备客观性和缜密性，将成为有效降低律师合规整改执业风险的利器。

三、合规尽职调查报告撰写要点

尽职调查是对被调查对象进行信息收集的一种合法合理的手段或方法。律师开展企业刑事合规业务，同样应先对企业的现状、业务模式、规章制度及其他方面的守法情况进行全面调查，收集客观真实的信息，以便发现当事人存在的问题，进而制定具有实用性并且能运行良好的合规方案。如上所述，刑事合规尽职调查与常规尽职调查类似，笔者将就刑事合规尽职调查与常规尽职调查的区别进行分析，并整理出合规尽职调查报告撰写要点。

1. 案件信息

刑事合规以刑事案件的产生为前提，因此律师需要对当事人信息及违法犯罪过程进行调查了解。如果律师是刑事案件辩护人，则可以通过会见、阅卷、与办案机关沟通等深入了解案件。如果律师非刑事案件辩护人，则可以通过当事人及其员工陈述、当事人提供的资料了解案件基本情况，也可以与办案机关沟通，了解案件事实以及相关情况。

因刑事合规的目的是合规不起诉或者减轻刑事、行政处罚，因此律师应当重点就当事人及涉案企业认罪认罚、悔过改过等态度及心理，积极退赃、减少损失、赔偿被害人等行为及挽回损失等情况进行调查。律师应当要求当事人及涉案企业提供相应材料证明，并提示当事人及企业向办案机关正式提交以供侦查，并在尽职调查中客观描述相关情况。

2. 规章制度

企业管理的前提是建立一整套完善适用的规章制度体系，而体系的建立又以相关规章制度的建立为基础。对涉案企业规章制度的调查就是通过全面审查涉案企业规章制度，发现其是否存在制度缺漏、有章不依等情况，确保其符合法律法规以及监管规定等方面的诸多要求，从而通过完善规章制度、加强培训、监督执行等手段，达到合规经营的目的。

对涉案企业规章制度的调查重点是涉案制度，应当从业务流程、人员管理、印章管理、合同管理等方面进行梳理，以便发现是否存在问题以及存在什么问题，从而提出制订、修订、学习、考核等方面的整改建议。当然规章制度的完善是一个动态的过程，涉案企业要不时启动更新程序。一旦相关的法律法规、政策等外部条件发生变化，就应及时予以修改变更，以满足合规的动态要求，而不应当一时一事合规。

3. 劳动保障

劳动用工是企业管理的核心内容。企业必须严格遵守劳动法律规范，健全完善劳动合同管理制度，规范劳动合同签订、履行、变更和解除，切实维护劳动者的合法权益。对涉案企业劳动关系的调查应侧重企业对员工的劳务保障，进行劳动者人数、劳动合同、社会保险、劳保设施、劳保用品、年金、公积金等方面的调查，目的是突出涉案企业在保障就业、安全生产、维护家庭及社会稳定方面的直接及隐形贡献和社会价值，从而让办案机关对涉案企业产生恻隐之心、挽救之心。

同时，企业员工的招聘、绩效、薪酬、离职、休假、奖惩等管理问题的规范化，既有助于维护劳动者的合法权益，减少劳动争议，也有助于在企业行为和员工行为之间建立一道安全的隔离区域。若日后企业涉嫌单位犯罪，员工可以引用劳动用工等合规管理条款来为员工获得减责或免责。同样，若日后员工涉嫌职务犯罪，企业可以引用劳动用工等合规管理条款来为企业获得减责或免责。

4. 守法经营

调查中还应就涉案企业的守法经营情况进行调查、描述。笔者认为应包括以下方面：

（1）涉案企业的知识产权，包括字号、商标、专利等的注册及社会影响，以体现涉案企业的无形资产及无形价值；

（2）涉案企业近 3 至 5 年纳税情况，以体现企业对当地的税收贡献；

（3）涉案企业涉及行政处罚及调查情况，有无相应处罚及调查，以及是否再次涉案，以体现案件的偶发性或者社会危害、影响大小等情况；

（4）涉案企业近 3 至 5 年涉及的诉讼、劳动仲裁等纠纷情况。

调查上述情况的目的是表明涉案企业一直守法经营、依法纳税，能够创造较大的经济价值和社会效益。如果对企业进行合规整改进而从轻处罚，可以使企业合规存续促进其经营再上台阶，创造更大的社会价值。

5. 荣誉、公益

调查中还应就涉案企业所获荣誉及参与公益活动情况进行调查、描述，体现企业已承担的社会责任。企业荣誉包括企业及主要负责人所获得的各级政府、行业协会荣誉、职位等，公益活动包括捐款、捐物等。此处目的与前两点类似，笔者不再赘述。

6. 其他

总之，企业刑事合规的目的是帮助涉案企业完善合规经营体系，争取对当事人及涉案企业进行合规不起诉或者减轻刑事、行政处罚。因此，刑事合规尽职调查的实质是律师替当事人进行刑事辩护，故律师应以辩护思维，通过依法依规全面调查，体现涉案企业认罪认罚、悔过改过、值得挽救、应予从宽处理等情节及相应证据，以翔实的调查说服检察机关采信企业提出的合规方案，最终给予当事人及涉案企业宽大处理。

【律师点评】

涉案企业合规调查与普通的法律尽职调查有着"刀口向内"的重大区别，律师事务所接受企业委托，通过全面细致的尽职调查工作对涉案企业进行快速、深入的调研了解，并获取企业或个人涉刑背景下与合规整改的相关信息，其目的在于对企业或个人因违反合规行为发生刑事案件进行追根溯源，识别合规风险源，进而为合规律师帮助其完成合规整改工作奠定坚实的基础。

因为合规整改的前提是刑事案件的发生，律师在整改工作中将比往常更关注自身执业风险。尽职调查手段会留下大量的书面底稿作为工作推进的判断基础和佐证，可以很大程度降低律师在合规整改工作中的执业风险。

涉案企业合规尽职调查的范围，应重点围绕企业的性质和涉刑案件类型，对企业管理制度、经营情况、财务情况、基本犯罪事实情况、犯罪成因、社会责任履行情况、是否具备整改条件及是否有挽救价值等方面开展，既要确保合规尽职调查的全面性，又要突出合规尽职调查的针对性。

涉案企业刑事合规尽职调查的结果，最终要运用到涉案企业合规风险评价和风险应对中，为合规计划的制定提供重要参考。根据调查分析情况，突出研究制定涉案企业合规整改的重点方向、重点领域和重点措施，真正使合规政策、法律法规、合规文化等内容融入涉案企业现有制度或新制度之中，帮助涉案企业制定出具有可行性、有效性和全面性的合规计划。

【企业应对】

企业即便已经通过刑事合规尽职调查，对刑事合规风险问题作出了识别，并制定了较为完善的刑事合规治理制度，仍可能由于风险偏好、制度落实不到位或员工刻意规避制度而导致企业面临刑事风险。因此，完善的企业刑事合规治理制度除了能够发现风险、控制风险，还需要能够在刑事风险事件发生时，引导并协助企业处理风险。

企业刑事风险事件处理机制应当包括风险事件发生的预警机制、风险事件处理团队的选定机制、风险事件的处理方案的确定与落实机制以及风险事件处理后的复盘机制等基本内容。

预警机制能够保障企业在风险事件发生的早期对风险事件作出识别，并对相关法律后果及严重程度作出准确预测。风险事件处理团队的确定，将直接影响风险事件处理方案的制定及落实效果。风险事件处理方案是风险事件处理机制的主体部分，是结合法律规定与实践经验，对风险事件进行综合分析，并通过法律关系梳理、责任认定、谈判和解、有效抗辩等方式对危机事件进行处理的综合方案。风险事件处理完成后，还应对风险事件处理过程中存在的问题进行复盘，并根据复盘结果进一步评估企业可能存在的其他刑事合规风险，并对企业合规治理制度进行升级和完善，进而防范相同或类似的刑事风险事件。

综上，企业刑事合规治理制度并不仅指管理制度，还应包括刑事合规尽职调查以及刑事风险事件的处理机制。此外，各部分内容并非相互独立，而是有机地组合在一起并在互动过程中实现企业的刑事合规治理。只有各部分内容在企业运营过程中相互配合，良性互动，才能够确保企业及人员免受刑事风险事件的影响，或者即便面临刑事风险事件也能够有效面对，并将刑事风险事件对企业及人员的影响降到最低。

【办案心得】

刑事合规尽职调查对于调查的内容、方法及流程均有特别且更高的要求。如果刑事合规尽职调查的工作得当、结论能够切中要害，势必对于后续的合规工作起到事半功倍的作用；相反，如果合规尽职调查出现工作纰漏，不仅会导致后续的合规工作出现较大偏差，甚至会给客户经营及律师带来风险。随着企业合规业务的不断发展与成熟，应当将企业合规的理念贯穿在合规尽职调查工作中，而不是不加区分地利用一般尽职调查的流程、方法进行合规尽职调查，或者不进行系统性的合规尽职调查工作即得出结论，应当就合规尽职调查工作形成独立的、可操作性的操作指引及工作方法，以确保合规尽职调查工作为合规业务提供重要基础和有效支撑。

四、相关文书参考样式

刑事合规尽职调查清单

_____（单位名称）

_____年___月

目　　录①

致辞…………………………………………………………………………………… 104

重要提示……………………………………………………………………………… 104

表 1　法律尽职调查所需材料表…………………………………………………… 105

表 2　财务尽职调查所需资料表…………………………………………………… 109

表 3　行业尽职调查所需资料表…………………………………………………… 111

附表 1　重大合同统计汇总表……………………………………………………… 113

附表 2　贷款合同汇总表…………………………………………………………… 114

附表 3　担保情况汇总表…………………………………………………………… 115

附表 4　土地汇总表………………………………………………………………… 116

附表 5　房产汇总表………………………………………………………………… 117

附表 6　土地租赁汇总表…………………………………………………………… 118

附表 7　在建工程汇总表…………………………………………………………… 119

附表 8　房屋租赁汇总表…………………………………………………………… 121

附表 9　知识产权汇总表…………………………………………………………… 122

---

① 正常清单应具备单独的目录，本书为方便阅读，页码未重新编号。清单中的表格编号独立于
正文目录，单独进行了编号。——编者注

致　辞

　　_____公司：

　　_____事务所接受_____公司委托，拟对贵公司进行尽职调查。现将我们需要了解的有关事项列示清单如下，请提供相关资料并协助核查。本清单所列文件仅是项目组基于初步尽职调查而提出的，项目组将根据持续尽职调查的情况，可能要求相关各方进一步提供相关文件。

　　本次尽职调查的对象主要包括：

　　（1）贵公司；

　　（2）贵公司控股和参股企业；

　　（3）贵公司的所有股东及其最终权益持有人（实际控制人）。

　　对于以下尽职调查清单中不适用的项目，可根据实际情况提供相应的资料、文件或者说明。

　　项目组将按照有关法律规定、执业规范及相关各方的要求，对所有资料和信息承担保密义务。

重要提示

　　1. 本次法律尽职调查的基准日为____年____月____日，请贵公司按照本清单将截至基准日的最新文件和情况提供给本所律师。

　　2. 对于以下每一项，如所有相关文件均已提供，请在"已提供"栏中打钩，表明该项文件已提供完毕；如稍晚提供，请在"待提供"栏中打钩，并在"备注"栏中注明由何人负责在何时提供；如不适用于贵公司或本次调查中无法提供，请在"不适用/无法提供"栏中打钩，并在"备注"栏简略注明有关文件在本次调查中无法提供的理由。

　　3. 请把准备好的材料参照表格中的序号编码顺序整理，能够提供电子文档的，请一并提供，并按顺序建立文件夹。

　　4. 如存在重复要求的情况，只须提供一份并请在"备注"栏中注明。

5. 如果现场调查结束后，贵公司发生了对已提供的文件产生影响的事件或获得了额外信息，请立即通知我们。

6. 请贵司有关部门和人员本着真实、准确、完整的原则按下列表格顺序提供材料并注明序号，并保证不存在虚假记载、误导性陈述及重大遗漏状况。

7. 如有任何疑问，请联系 ×××。

表 1 为法律尽职调查所需材料表。

表 1　法律尽职调查所需材料表

序号	所需材料	已提供	待提供	不适用 / 无法提供	备注
1	在市场监管部门登记的自公司成立至今所有的档案				
2	公司营业执照、组织机构代码证、税务登记证、社会保险登记证、统计登记证（五证合一）				
3	董事会、总经理办公会等会议记录				
4	公司所有规章制度				
5	公司拟开展新项目及对外投资等的风险评估报告				
6	各部门及各业务的业务流程，含授权与审批、复核与查证、业务规程与操作程序、岗位权限与职责分工、相互独立与制衡、应急与预防等				
7	公司聘请的法律顾问（律师事务所名称及律师姓名、电话）				
8	公司股权结构图、组织结构、股东名册				
9	公司正在履行的所有合同，含采购、销售广告等所有有效合同				

（续表）

序号	所需材料	已提供	待提供	不适用/无法提供	备注
10	公司对外投资项目、金额、决策履行程序说明				
11	公司无形资产的权属证明				
12	公司章程，股东会、董事会、监事会会议记录、决议，三会、高级管理人员的构成情况和职责				
13	公司管理层就公司治理机制执行情况出具说明和自我评价				
14	固定资产的资产产权转移合同、资产交接手续和购货合同及发票				
15	房产证、土地使用权证、商标、专利、版权、特许经营权、非专利技术及其他无形资产的权属证明文件及相关合同				
16	股东单位、员工名册及劳务合同，工资明细表，福利费缴纳凭证				
17	高级管理人员就是否在股东单位中双重任职出具书面声明				
18	公司的机构是否与控股股东完全分开且独立运作，是否存在混合经营、合署办公的情形，是否完全拥有机构设置自主权				
19	公司控股股东、实际控制人及其控制的其他企业的营业执照。有关人员从公司控股股东、实际控制人及其控制的其他企业业务性质、客户对象、可替代性市场差别等方面说明不与公司构成同业竞争				
20	管理层就公司对外担保、重大投资、委托理财、关联方交易等事项的情况、是否符合法律法规和公司章程及其对公司影响的书面说明				

（续表）

序号	所需材料	已提供	待提供	不适用／无法提供	备注
21	管理层持股的锁定情况，最近两年管理层的变动情况，公司为稳定管理层所采取的措施或拟采取的措施				
22	公司管理层签字的关于诚信状况的书面说明，包括以下内容：（1）最近两年内是否因违反国家法律、行政法规、部门规章、自律规则等受到刑事、民事、行政处罚或纪律处分；（2）是否存在因涉嫌违法违规处于调查之中尚无定论的情形；（3）最近两年内是否对所任职（包括现任和曾任）的公司因重大违法违规而被处罚负有责任；（4）是否存在个人负有数额较大债务到期未清偿的情形；（5）是否有欺诈或其他不诚实行为等情况				
23	公司最近两年是否存在违法违规行为或受过税务、工商、环保、土地、质检、劳动、知识产权等部门的行政处罚，若有，请提供详细资料				
24	公司股东的股份是否存在质押等转让限制情形以及是否存在股权纠纷或潜在纠纷，并出具书面声明				
25	是否有环境保护、知识产权、产品质量、劳动安全、人身权等原因产生的债务				
26	出具有关公司生产经营活动是否符合环境保护要求的书面声明				
27	管理层对公司重大诉讼、仲裁及未决诉讼、仲裁事项情况及其影响的书面声明				

（续表）

序号	所需材料	已提供	待提供	不适用／无法提供	备注
28	公司控制股东及实际控制人的组织结构（参控股子公司、职能部门设置）				
29	控制股东及实际控制人、股东及主要股东为自然人的，应提供有关国籍、永久境外居留权、身份证号码及住所的说明				
30	控制股东及实际控制人、股东及主要股东的营业执照、公司章程、最近一年及一期的财务报告及审计报告				
31	控制股东及实际控制人控制的其他公司的营业执照、公司章程、最近一年及一期的财务报告和审计报告				
32	控股子公司、参股子公司的营业执照、公司章程、最近一年及一期的财务报告和审计报告				
33	重要控股子公司、参股子公司的主要其他合作方的情况和相关资料				
34	员工人数及变化、专业结构、受教育程度及年龄分布的说明				
35	执行社会保障制度、住房制度改革、医疗制度改革的情况说明				
36	劳动合同样本				
37	社会保险证明和相关费用缴纳凭证				
38	公司获得的主要荣誉和证书				
39	董事、监事、高级管理人员及核心技术人员的简历				

表 2 为财务尽职调查所需资料表。

表 2　财务尽职调查所需资料表

序号	所需资料	已提供	待提供	不适用/无法提供	备注
1	公司聘用的审计机构（会计师事务所）名称及联系人姓名、电话				
2	公司两年一期审计报告（由会计师事务所提供）				
3	应收账款详细资料，含应收账款余额、账龄、发生时间、对方名称、坏账准备计提情况及明细（最近一期期末）				
4	应收账款账龄较长的对方名称及形成原因				
5	应付账款详细资料，含应收账款余额、账龄、发生时间、对方名称、坏账准备计提情况及明细（最近一期期末）				
6	应付账款账龄较长的对方名称及形成原因				
7	其他应收款详细资料，含应收账款余额、账龄、发生时间、对方名称、坏账准备计提情况及明细（最近一期期末）				
8	其他应收款账龄较长的对方名称及形成原因				
9	其他应付款详细资料、含应付账款余额、账龄、发生时间、对方名称、坏账准备计提情况及明细（最近一期期末）				
10	其他应付款账龄较长的对方名称及形成原因				
11	存货明细资料（最近一期期末）				

（续表）

序号	所需资料	已提供	待提供	不适用 / 无法提供	备注
12	存货账龄及计提跌价准备明细				
13	公司关联法人及关联自然人				
14	与公司关联方进行的关联交易（采购原材料或销售产品等），含发生时间、对方名称、交易价格、交易总金额、收入总额、利润影响、对同等交易的非关联方市场主体的交易价格、未及时结算形成的应收应付款项金额				
15	关联方交易有无大额销售退回情况				
16	非经常性损益的明细情况，含凭证、合同等				
17	近两年为公司提供审计服务的会计师事务所名称及是否发生过变更				
18	公司资产减值准备政策及各项减值准备明细				
19	公司固定资产明细				
20	公司无形资产明细				
21	公司税务登记证、公司及其控股子公司执行的税种和税率				
22	营业费用明细表、管理费用明细表、财务费用明细表				
23	报告期的纳税申报表和税收缴款书				
24	资产负债表、利润表、损益表、科目余额表、利润分配和亏损弥补方案				

表 3 为行业尽职调查所需资料表。

表 3　行业尽职调查所需资料表

序号	所需资料	已提供	待提供	不适用/无法提供	备注
1	公司主营业务及经营模式，含商业模式、销售模式、盈利模式，请市场部或战略规划部门等有关部门详细说明				
2	最近两年内公司经营模式是否已经或未来将发生转型				
3	公司未来两年的业务发展目标及为实现目标所采取的措施				
4	公司所属行业情况及市场竞争状况，含公司所属行业基本情况，面临的主要竞争对手及竞争状况，公司在行业中的竞争地位、自身竞争的优劣势，以及采取的竞争策略和应对措施等，请市场部或战略规划部等有关部门详细说明				
5	分别提供公司销售及采购前五名的客户名称及销售额和采购额，销售额合计占当期主营业务收入的比例，前五名供应商的采购额占当期采购总额的比例				
6	公司核心技术人员及技术顾问的姓名、简历，与公司是否签订保密协议、劳动合同、服务期限，为稳定核心技术人员已采取的或拟采取的包括户口、住房、配车、奖金、期权等奖励或激励措施，最近两年管理层的变动情况				
7	核心技术人员的持股情况或股份锁定情况				

（续表）

序号	所需资料	已提供	待提供	不适用/无法提供	备注
8	主要产品的技术含量、可替代性、核心技术和保护措施				
9	研发机构和研发人员情况、研发费用投入占公司主营业务收入的比重、自主技术占核心技术的比重				
10	行业主管部门制定的发展规划、行业管理方面的法律法规及规范性文件				
11	行业研究资料、行业杂志、行业分析报告				
12	行业专家意见、行业协会意见、主要竞争对手意见				
13	国家有关产业政策及发展纲要				
14	通过公开渠道获得的主要竞争对手的资料				
15	与原材料、辅助材料及能源动力供求相关的研究报告和统计资料				
16	主要产品的工艺流程图或服务的流程图				
17	发行人关于生产工艺、技术在行业中领先程度的说明				
18	主要产品的设计生产能力和历年产量的有关资料				
19	权威市场调研机构关于销售情况的报告				
20	主要产品市场的地域分布和市场占有率资料				
21	报告期按区域分布的销售记录				
22	报告期产品返修率、客户诉讼和产品质量纠纷等方面的资料				

附表 1 为重大合同统计汇总表。

附表 1 重大合同统计汇总表

序号	合同号	合同对方	合同主要内容	金额 （单位：万元）	合同签订的日期	合同约定履 行期限	合同履行状况	备注

附表 2 为贷款合同汇总表。

附表 2　贷款合同汇总表

序号	贷款合同号	贷款银行	借款金额及币种	贷款余额	利率	借款起止日期	是否逾期	担保合同号（如有相应担保合同）	担保方式（请说明保证、抵押或质押）	担保提供人（即担保人）	担保（抵押、质押物）登记情况

附表 3 为担保情况汇总表，包括公司作为担保人及被担保人两种情况，请公司分别填写。

附表 3-1 公司作为担保人的情况表

序号	被担保人	担保合同编号	主债权合同编号	债权人	担保种类（一般责任担保/连带责任担保/抵押/质押）	担保起始日	合同规定的担保期间	借款金额（人民币元）	承兑金额（人民币元）	担保余额（人民币元）	担保履行情况

附表 3-2 公司作为被担保人的情况表

序号	担保人	担保合同编号	主债权合同编号	债权人	担保种类（一般责任担保/连带责任担保/抵押/质押）	担保起始日	合同规定的担保期间	借款金额（人民币元）	承兑金额（人民币元）	担保余额（人民币元）	担保履行情况

附表 4 为土地汇总表。

附表 4　土地汇总表

序号	土地证号	使用权人	实际使用人	土地座落	用途	使用权类型及年限	面积	他项权利

注：本表包含公司拥有的无证土地。如为无证土地，则请在"土地证号"一栏注明"无证"。

附表 5 为房产汇总表。

附表 5 房产汇总表

序号	房产名称	房产权证号	对应的土地使用权证号	房屋座落	用途	面积	取得方式	他项权利

注：本表包含公司拥有的无证房产。如为无证房产，则请在"房产权证号"一栏注明"无证"。

附表 6 为土地租赁汇总表，包括公司作为出租方的情况表和公司作为承租方的情况表两种。

附表 6-1　公司作为出租方的情况表

序号	承租单位	土地座落	用途	宗地号	土地证号	土地面积	租赁期限	租金支付情况

附表 6-2　公司作为承租方的情况表

序号	出租单位	土地座落	用途	宗地号	土地证号	土地面积	租赁期限	租金支付情况

附表 7 为在建工程汇总表。

附表 7　在建工程汇总表

工程项目名称	工程详细座落地址	工程承包方	拟建建筑面积（平方米）	批准证书（五证）	开工日期	工程进展情况	是否有未竣工验收即投入使用的情况	备注
				项目立项批复（　　号）				
				《国有土地使用证》（　　号）				
				《建设用地规划许可证》（　　号）				
				《建设工程规划许可证》（　　号）				
				《建设工程施工许可证》（　　号）				
				项目立项批复（　　号）				
				《国有土地使用证》（　　号）				
				《建设用地规划许可证》（　　号）				
				《建设工程规划许可证》（　　号）				
				《建设工程施工许可证》（　　号）				
				项目立项批复（　　号）				
				《国有土地使用证》（　　　）				
				《建设用地规划许可证》（　　号）				
				《建设工程规划许可证》（　　号）				
				《建设工程施工许可证》（　　号）				

（续表）

工程项目名称	工程详细坐落地址	工程承包方	拟建建筑面积（平方米）	批准证书（五证）	开工日期	工程进展情况	是否有未竣工验收即投入使用的情况	备注
				项目立项批复（ 号）				
				《国有土地使用证》（ 号）				
				《建设用地规划许可证》（ 号）				
				《建设工程规划许可证》（ 号）				
				《建设工程施工许可证》（ 号）				
				项目立项批复（ 号）				
				《国有土地使用证》（ 号）				
				《建设用地规划许可证》（ 号）				
				《建设工程规划许可证》（ 号）				
				《建设工程施工许可证》（ 号）				

附表 8 为房屋租赁汇总表（包括公司作为出租方和承租方两种情况，请分别填写）。

附表 8-1 公司作为出租方的情况表

编号	承租方（机构名称）	出租方	房屋产权证号	面积（平方米）	租赁起始期限	租金（人民币元）	租赁许可证	租赁登记号	租金支付情况

附表 8-2 公司作为承租方的情况表

编号	承租方（机构名称）	出租方	房屋产权证号	面积（平方米）	租赁起始期限	租金（人民币元）	租赁许可证	租赁登记号	租金支付情况

附表 9 为知识产权汇总表，包括商标情况汇总表、专利情况汇总表、软件著作权情况汇总表、专有技术情况汇总表及其他被许可使用的知识产权情况汇总表。

附表 9-1 商标情况汇总表

序号	商标名称	注册时间	注册号	有效期	设定质押情况	是否有许可使用协议或转让协议	
						许可使用协议	转让协议

附表 9-2 专利情况汇总表

序号	专利名称	专利证号	有效期	发明人	专利权人	是否有许可使用协议或转让协议	
						许可使用协议	转让协议

附表 9-3　软件著作权情况汇总表

序号	著作权名称	注册时间	有效期	是否有许可使用协议或转让协议	
				许可使用协议	转让协议

附表 9-4　专有技术情况汇总表

序号	名称	形成日期	主要内容	权利人

附表 9-5　其他被许可使用的知识产权情况汇总表

序号	名称	许可人	许可期限	许可内容	对应的证书号

陈述和保证

_____公司：

现就我单位_____公司（以下简称标的企业）有关事宜向贵公司作出如下陈述和保证，如有不实，同意承担一切责任并赔偿贵司一切损失：

1. 合法设立和有效存续

标的企业系根据中国法律规定的条件和合法程序设立并有效存续，其设立已经取得所有必要的政府机关的批准和许可。标的企业不存在任何可能导致其终止、停业、解散、清算或丧失法人资格的情形或法律程序。标的企业不存在违反其章程条款以及其营业执照的规定的情形。

2. 注册资本／出资额

原股东／合伙人已遵守其在企业章程项下的实质义务。原股东／合伙人依法应缴付的出资已全额支付（市场监督管理部门批准因认缴而暂时无须实缴的情形除外），未发生任何抽逃注册资金的行为。

3. 营业范围

（1）标的企业在其核准的营业范围内从事经营活动，没有超越经营范围的其他经营事项。

（2）标的企业有完全的权力和授权持有、出租或经营其财产并经营其现有的业务，拥有为持有、出租或经营其财产并经营其现有的业务所必需的所有批准、许可、执照、证书、同意或其他政府机关的批准文件。除已向投资方披露的情况外，没有正在发生的或潜在的政府机关的批准文件可能被中止或撤销的情况。

（3）子企业和分企业标的企业没有其他下属的子企业或其他分支机构。

4. 遵守法律

（1）标的企业在所有实质方面均按照所有适用的中国法律及法规、政府批文和营业执照经营其业务。

（2）标的企业没有违反其从任何中国法院、任何政府或监管机构收到的任何合法的命令、判令或判决。

（3）标的企业没有收到任何中国法院、任何政府或监管机构下发的有关企业未遵守任何法律或监管规定的任何命令、判令或判决。

（4）标的企业没有受到中国政府主管部门的重大行政处罚，也没有涉及任何正在进行的或可能发生的以标的企业为被告的行政复议或行政诉讼程序。

5. 资产

标的企业财务报表中反映的企业的各项资产均为标的企业的财产，可由标的企业按照中国有关法律转让、出售或以其他方式处置。除已经向投资方披露的以外，标的企业对该资产享有完整、充分的所有权，在资产上不存在任何第三人的所有权、共有权、占有权、抵押权、质押权、留置权或其他担保物权，也没有被法院、仲裁机构或其他有权机构采取查封、冻结、扣押等强制措施，关于该资产也不存在任何租赁（已披露的对外租赁物业的情形除外）、延期付款、保留所有权、赊销或其他可能影响企业资产完整的所有权的安排或负担。

6. 重大合同

（1）标的企业按通常的商业惯例并依据合同条款履行重大合同，不存在违约行为，也不存在可能导致标的企业向合同对方承担违约责任及/或赔偿责任的情形；

（2）标的企业均没有在其经营范围之外订立任何合同或安排，或受到这些合同或安排的任何重大义务的限制，或订立了在订立时具有不寻常、承担过重义务或期限过长或具有非正常交易性质的任何合同或安排，或受到这些合同或安排的任何重大义务的限制。

7. 关联交易

（1）标的企业与关联方之间的交易（包括但不限于占有资金、提供融资、采购、租赁、债权债务等）已经充分披露，除此之外，标的企业与关联方之间不存在任何其他交易。"关联方"是指：标的企业的股东/合伙人、董事、高级管理人员、雇员；以上关联人士的近亲属；以上两项所述关联人士持有股权或担任董事、高级管理人员或以其他方式控制或享有权益的公司、企业、合伙或其他实体；被以上三项所述关联人士所控制或控制以上三项所述关联人士的自然人或法人。

（2）标的企业与关联方之间的关联交易的商业条款均是公平和公正的，不存在损害企业利益或者不合理加重标的企业负担的情形。

8. 财务报表

标的企业的财务报表所反映的资产、负债、税收、关联交易等状况以有证券从业资格的会计师事务所出具的审计报告为准。

9. 负债

（1）除标的企业已提交的经审计的财务报表反映的债务外，标的企业不存在任何其他债务（包括已有债务及由于标的企业提供保证、抵押、质押或其他形式的担保所产生的或然债务）。若存在其他债务，标的企业同意自行承担该债务。如果法院判决或仲裁裁决要求企业承担未经我方披露的债务，我方同意直接向有关债权人清偿债务，如果标的企业承担了债务，投资方及标的企业有权向我方追索。

（2）关于本次合作的协议的签订和履行将不会导致标的企业的债权人（包括但不限于贷款银行）有权宣布债务提前到期或要求提供担保或要求提高利息或在其他方面改变债务条件和条款。

10. 税务

（1）标的企业已经根据法律及税务机关的要求办理税务登记手续，及时、按规定办理纳税申报手续，并及时、足额缴纳税款，不存在欠税、偷税、漏税的情形，不存在有关税务的争议，也不存在任何可能招致处罚的其他情形。对于标的企业应缴纳的税款或可能承担的税收责任，标的企业已经在账目中充分拨备或披露。

（2）若标的企业因税务问题受到税务机关／财政部门的处罚（包括但不限于追缴税款及滞纳金、罚款），则我方应承担全部责任，在标的企业受到税务机关／财政部门的处罚之日起10个工作日内支付给标的企业。为免生歧义，前述"税务问题"包括由于以前享受的税收优惠或返还／奖励、合同补贴及财政补贴的行为被认定为无效而导致标的企业补缴税款或退还已获得的优惠。

（3）标的企业目前没有受到税务机关调查。

11. 报表后事项

标的企业最近一期的财务报表的基准日后，没有出现任何对其资产、业务、财务、税务产生重大不利影响的事件（重大不利事件），但为标的企业日常运营所进行的活动除外，这些重大不利事件包括但不限于：

（1）以保证、抵押、质押或任何其他方式增加其或有负债；

（2）放弃债权或提前清偿债务；

（3）向股东／合伙人支付利润或宣告、派发股息、红利；

（4）与任何关联方的关联交易；

（5）企业的股权被采取保全或强制执行措施，包括但不限于被查封、冻结、拍卖等；

（6）可视为重大不利事件的其他情形。

12. 员工

（1）标的企业员工待遇情况是真实、完整的，除此之外，标的企业没有对员工（包括高级管理人员）待遇的其他承诺和义务。

（2）标的企业按时、足额支付员工工资和报酬，并足额提取或支付社会保险费和其他福利。

（3）如果由于标的股份交割之前的员工的报酬、福利、社会保险的问题（且无论这些问题是否已披露）导致标的企业承担法律责任（包括但不限于补缴、承担罚款等），则我方应承担全部责任，在标的企业承担责任之日起10个工作日内对标的企业给予全额赔偿。

13. 诉讼仲裁

截至今日，没有发生以标的企业或我方为被告、被申请人、被处罚人或第三人的诉讼、仲裁或行政处罚程序，不存在可能引起前述诉讼、仲裁或行政处罚程序的纠纷或违法行为，并且标的企业没有被采取任何司法保全措施或强制执行措施。

14. 以上条款均适用于标的企业及其对外投资设立的其他分支机构

标的企业股东/合伙人/实际控制人签字（并按手印）：

标的企业盖章：

标的企业法定代表人/执行事务合伙人签字（并按手印）：

企业合规尽职调查告知书

致：

　　根据企业合规经营的相关规定以及司法机关对合规计划的制定要求，现需对贵公司注册登记、人员管理、生产经营等情况进行尽职调查。

　　对此，我方特准备《企业合规尽职调查表》，请贵公司相关人员如实填写，以保证后续合规工作的顺利开展。

　　如果在尽职调查过程中，贵公司填写的信息不属实，因此造成的损失，由贵公司自行承担。

　　在尽职调查过程中，贵公司可随时向我方提供认为需要收集的信息或者线索方向。

　　特此告知。

　　　　　　　　　　　　　　　　　　　_____年___月___日

企业合规调查访谈笔录

编号：

项目名称					
访谈对象	姓名		职务		联系电话
访谈主题					
访谈人			访谈人单位		
时间			地点		
访谈对象签字			访谈人签字		

问：×××公司共有多少在职员工？
答：

问：公司有无员工管理章程或者员工规范手册？
答：

问：员工的薪资构成是什么？
答：

问：公司对员工的奖惩规定是什么？
答：

问：公司有没有对员工开展过关于增强法律意识方面的培训？
答：

合规调查问卷（以招投标专项为例）

我公司为加强企业合规管理、保障公司持续健康发展，正积极建设企业合规管理体系。为深入了解公司在招投标合规管理方面的现状及痛点，我们制作了本调查问卷，现请您协助填写问卷。我们将对调查内容严格保密，仅用于统计分析。您的反馈对公司全面开展合规管理建设非常重要，感谢您的参与！

1. 您的名字：

_____

2. 您的年龄：

□ 25 岁以下　　　　□ 26~35 岁

□ 36~45 岁　　　　□ 46~55 岁

□ 55 岁以上

3. 您参加工作的年限：

□ 1~3 年　　　　□ 3~5 年

□ 5~10 年　　　　□ 10 年以上

4. 您是否签署了保证遵守法律法规以及公司相关规定的员工合规承诺？

□ 是　　　　　　□ 否

5. 您是否明确招投标的基础知识？

□ 是　　　　　　□ 否

6. 您的招投标知识和技巧是通过哪些渠道获取的？

□ 书籍　　□ 周围同事　　□ 培训　　□ 实践参与　　□ 其他

7. 您是否了解投标的准备工作？

□ 是　　　　　　□ 否

8. 您是否了解招投标的流程？

□ 清晰了解　　　　□ 部分了解　　　　□ 不清楚

9. 您是否参与过标书制作?

☐是　　　　　　　　☐否

10. 您或者您的部门主要是从什么渠道获得招标信息?

☐政府及其部门网站　　　☐广播、电视、报刊等新闻媒体

☐企业部门财务公开栏　　☐其他

11. 您认为在目前的招投标活动中企业中标是凭借什么?

☐实力和信誉　　　　☐运气　　　　　☐关系

☐行贿　　　　　　　☐答应不合理条件　☐围标串标　　　☐其他

12. 您认为公司在目前的投标活动中存在哪些问题?

☐围标串标　　☐恶意低价中标　　☐恶意投诉　　☐挂靠投标　☐其他

13. 在公司参与的投标项目中,您认为主要的未中标的原因是?

☐非最高分而未中标　☐投标失误　　　　☐明招暗定

☐不正之风　　　　　☐不知道具体原因　☐其他

14. 您认为未来企业承揽业务主要是通过?

☐实力和信誉　　　☐跟踪项目或服务　☐通过围标或串标

☐违法违规承诺　　☐其他

15. 您是否了解公司目前的合规管理制度及相关文件,特别是投标管理制度?

☐清晰了解　　　　☐部分了解　　　☐不清楚

16. 根据您的了解,公司合规管理制度及相关文件的执行情况如何?

☐完全执行　☐大致执行　☐部分执行　☐未执行　☐不了解

17. 您是否了解公司目前的合规管理机构设置情况?

☐清晰了解　　　　☐部分了解　　　☐不清楚

18. 根据您的了解,公司合规管理机构(部门或个人)保持独立性的程度?

☐非常独立　☐基本独立　☐一般　☐不太独立　☐不独立

19. 您是否了解公司公开的合规咨询渠道？

□是　　　　　　　　□否

20. 当您就招投标向公司提出合规方面问题时，您是否能够得到及时的专业解释回答？

□能够，非常及时　　□能够，比较及时　　□能够，但不太及时

□基本能够，但不及时 □不能得到回答

21. 您是否能够方便地获取更多的合规资料、职业规范指导、招投标领域知识等？

□非常方便　　　　　　□方便　　　　　　　□一般

□不太方便　　　　　　□不方便

22. 您是否清楚公司对于涉嫌违规行为的风险报告制度？

□非常了解　　　　　　□比较了解　　　　　□一般

□了解一点　　　　　　□完全不了解

23. 若您在开展招投标工作时，发现了涉嫌违规行为，是否会进行报告？

□是　　　　　　　　□否

24. 若您对涉嫌招投标工作违规行为不进行报告，您的担忧是？

□被同事报复　　　　　　　　　　□即使报告也无实际效果

□报告会影响部门业绩　　　　　　□其他

25. 在您所在的部门，您认为合规表现与绩效考核、职级升迁的相关性程度？

□非常强　　□强　　□一般　　□较弱　　□几乎没有

26. 您是否参加过公司的合规方面的培训？培训效果如何？

□是，效果很好　　□是，效果一般　　□是，效果不好　　□没参加过

27. 您希望能够在公司合规培训中听到哪些方面的内容？

□合规制度的总体介绍　　□各部门工作流程　　□合规培训

□防止商业贿赂、员工舞弊、关联交易等专项合规培训　　　　□其他

第六章

高质量的合规计划书

•
•
•

一、涉案企业合规可行性分析

1. 合规计划书

合规计划书是企业合规制度的重要内容。检察机关在审查涉企犯罪刑事案件时，向涉案企业制发企业合规权利义务告知书，向企业告知其具有申请企业合规的权利义务，以及相关的注意事项。涉案企业在向检察机关申请企业合规的同时出具企业合规承诺书，检察机关同意后，涉案企业应当制定合规计划书，检察机关收到合规计划书后应当同时抄送本案的第三方组织，征求第三方组织意见，将第三方组织意见和审查意见一并反馈给企业，涉案企业完善合规计划书后再次向检察机关提交，经检察机关批准后施行。

合规计划是涉案企业为有效防控合规风险，以企业和企业内部人员的经营行为、职务行为为调整对象，开展的包括制度制定、风险识别、合规审查、风险应对、责任追究、考核评价以及合规培训等在内的各项管理活动。合规计划书是记载企业实施合规计划的文本，由涉案企业以自己的名义向检察机关提供，接受检察机关的审查，经检察机关批准后，涉案企业依据文本内容进行合规建设，并接受独立第三方组织的监督考察，最后由独立第三方组织对合规计划的执行情况进行评估，并出具评估报告，检察机关根据第三方组织出具的评估报告和查明的事实情况，作出是否达到预期效果的决定。

从法律效力上来分析，合规计划书具有以下特征：（1）确定力。合规计划书是涉案企业根据企业犯罪行为矫治和自身发展的合规需求，矫正犯罪行为和防范法律风险而制定的合规建设文书。合规计划书由涉案企业向检察机关提交，经检察机关审查通过后，该合规计划书即具有确定力，非有法定事由、非经法定程序，合规计划书记载的内容不得变更。（2）约束力。涉案企业将合规计划书向检察机关提交，检察机关审查同意后，该份合规计划书即生效，生效后的合规计划书对各方均具有法定约束力。（3）执行力。合规计划书的执行力主要是针对涉案企业来说的。涉案企业是执行合规计划的主体，也是合规计划执行的最大受益者。涉案企业应当在合规计划书规定的期限（考察期限）内高质量地完成合规建设，合规计划书执行效果接受独立第三方组织全程监督考察和评估。

2.对合规计划书的审查原则

合规计划书是企业对其涉嫌犯罪行为的一种自我矫治方案，合规计划书内容具有针对性和专业性，重点在于针对涉罪行为的专项矫正。检察机关在审查合规计划书时应当遵循以下几项原则：

（1）全面性审查原则

全面性审查是刑事诉讼程序对证据审查的基本要求。坚持对合规计划书的全面性审查原则，要做到两个方面：一是坚持将合规计划书放到全案证据当中去审查。合规计划书是体现涉案企业认罪态度和认罚行为的重要载体，在审查合规计划书时应当遵循证据审查的一般标准，注重对合规计划书与案件事实之间关联性的审查，合规计划书的内容不可独立于案件事实之外。二是坚持对合规计划书内容的系统性审查。合规计划书的各部分内容、各要素之间是一个有机的整体，合规计划书各部分内容之间要着眼于解决和防控企业存在的法律风险问题。

（2）可行性审查原则

合规计划书的可行性审查需要结合涉案企业的实际情况来分析，承办检察官需要提前熟悉涉案企业的规模、性质、经营活动以及经济实力等。合规计划书的可行性可以从以下几个方面审查：一是经济可行性。对于合规计划书记载的内容，涉案企业具备执行合规计划书事项的经济能力。二是技术可行性。合规计划书记载事项没有超越现有技术条件，是在当前技术、制度、经验条件下可以实现的。三是法律可行性。合规计划书记载的事项不得违反法律法规的强制性规定，不得侵害国家利益、社会公共利益和他人的合法权益。四是期限可行性。合规计划书记载的事项，涉案企业可以在检察机关确定的考察期限内执行完毕，并能接受独立第三方组织的考察评估。

（3）有效性审查原则

有效性审查是对合规计划书实质性功能审查的体现。坚持对合规计划书的有效性审查原则，主要体现在两个方面：一是合规计划书记载的企业的合规措施应当与合规计划书分析的违法犯罪因素相对应，即合规计划措施可以弥补或减轻企业犯罪行为产生的损害，能够防范和排查相关的法律风险。二是合规计划书效益可量化，即检察机关、第三方专家组可以对合规计划书记载事项、执行合规计划书所取得效益进行量化评估。这种量化评估主要体现在对合规计划书效益的数据化、可视化的定量分析。如果说可行性审查是过程和程序性审查，那么有效性审查就是结果性审查，是对合规计划书执行实效的预判。

3. 合规计划书应当包含的要素

检察机关主要审查合规计划书的以下几个方面。

一是涉案企业对行为性质的认识。在目前检察机关开展的企业合规改革试点中，强调要将企业合规试点工作与依法适用认罪认罚从宽制度结合起来。适用企业合规制度是涉案企业自愿选择的，其前提就是涉案企业认识到其行为已经涉嫌犯罪，并愿意通过合规建设防控法律风险，弥补、减轻其行为造成的损失。合规计划书应当包括涉案企业对其行为违法性和有责性的认知（涉案企业当然也可以对其行为进行合理辩解），并有具体的损失弥补方案，如采取退赃、赔偿损失、补缴税款、修复环境等措施。

二是涉案企业对犯罪原因的认知。涉案企业对犯罪原因的分析，是其对经营行为和经济活动的反思，也是企业法律风险自查的过程。只有深入剖析犯罪原因，找到问题的"症结"，才能"对症下药"，最后"药到病除"。合规计划书中的犯罪原因分析应当全面、具体、可整治，既要"一针见血"，又要"药石可医"，不能泛泛而谈。

三是涉案企业制定的合规方案。合规方案是合规计划书的主体内容，是企业犯罪治理的"药方"，是检察机关审查合规计划书的核心部件，也是企业合规能否取得实效的关键所在。检察机关对合规方案的审查需要注意两个方面：其一，合规方案是否做到了"对症下药"，即合规方案的措施是否与查找的犯罪原因相对应，是否能够有效解决和防控企业犯罪的风险；其二，合规方案是否具有可行性，即在规定的考察期内，在当前企业的条件下，企业能否执行完毕合规方案的内容，取得实效，实现企业合规的目的。

四是涉案企业的合规文化培育。之所以将合规文化独立于合规方案进行审查，是因为合规文化在企业文化建设中占据重要地位。只有将合规的观念和意识渗透到每个员工的日常行为中，形成合规文化，把坚持合规操作和管理当作每个部门、每个员工日常工作的重要职责，自觉形成按章办事、遵纪守法的良好习惯，才能有效控制风险，确保企业经营行为和经济活动不偏离目标，实现企业利益最大化。

五是涉案企业的合规保障措施。涉案企业对企业合规制度适用的保障措施是合规计划有效执行、取得预期实效的重要基石。检察机关对合规保障的审查主要分为两个方面：其一，涉案企业如何保障合规计划有效执行；其二，在合规计划执行的过程中，涉案企业如何保障第三方组织对合规计划执行效果的监督考察。就如何保障合规计划有效执行来说，为防止合规计划沦为"纸面合规"，企业应当为合规计划执行提供必要的条件，检察机关重点审查的内容应当包括合规人员及其分工、经费拨付、组织结构以及制度机制建设等；第三方组织履行监督考察职责，在监督考察期限届满前对企业执行合规计划情况进行评估。涉案企业应当为第三方组织监督考察提供必要的便利条件，配合监督考察工作，并定期汇报合规计划执行情况等，保障考察评估工作的顺利进行。

二、涉案企业合规风险点分析

1. 涉案企业的基本情况及基本案情

介绍涉案企业的基本情况，包括公司名称、法定代表人、股东、公司住所地、注册资本、成立时间、经营范围、公司管理层主要人员组成、主要经营产品等重要事项，公司近2～3年的营业额、开票金额、纳税金额、公司在案发前正常经营情况下有多少员工，为社会提供了多少就业岗位，涉案企业涉嫌的犯罪的具体案情，相关负责人被采取强制措施情况，每一名犯罪嫌疑人在犯罪中所起的作用。

2. 风险点分析

涉案企业在省、市、县三级检察机关及第三方组织的帮助下，对犯罪行为进行了深刻、全面的反思，认识到了自身犯罪行为的错误，并针对公司生产、经营、管理等各项制度存在的漏洞及风险点进行了全面排查、分析，现就涉案企业经营管理中的法律风险进行分析总结。

（1）针对引发本次犯罪的风险点进行分析

涉案企业因涉嫌犯罪而被刑事立案，该类犯罪属于涉案企业现阶段面临的重要法律风险，也是本次企业合规着重需要解决的问题，涉案企业首先要弄清楚犯罪发生在公司哪个部门，是公司长期以来都存在的还是偶然发生的犯罪行为。如为常态，则公司需要杜绝这一行为；如为偶发，则需要弄清楚发生的原因，从公司制度上进行规范，防止再次发生该行为。涉及知识产权类犯罪的，涉案企业应在采购环节对供应商提供的产品、技术知识产权合法性进行审查，避免造成对第三方知识产权的侵权；承揽他人委托业务时，也需要防范商标、专利、版权、商业秘密等知识产权侵权及犯罪风险，在产品销售期间涉及的产品商标、包装装潢、广告与营销方案等均可能引发侵犯他人知识产权风险的，都应当严格审查。对于贴标产品的生产，自身及委托方是否具备该商标的使用权，产品的包装装潢是否与他人的外观专利、颜色组合商标、特有装潢相似或者相同，广告营销方案的内容是否存在抄袭等，都是产品销售期间可能引发的侵犯知识产权的风险，都需要进行有效审查、管控。

（2）其他方面的风险点分析

第一，安全生产法律风险。 安全生产对于涉案企业而言，属于重中之重。安全生产无论怎么强调都不为过，涉案企业要在全流程的安全生产体系建设方面下功夫。若因员工的违规行为、设备设施不安全以及工作环境等因素发生安全生产事故，或对安全生产事故处理不当，均会对涉案企业造成不利后果，情节严重的，还可能构成刑事犯罪。

因此，涉案企业需要提高对生产岗位的要求，培训先行，指定带岗老师，考评合格后再上岗。特殊工种、岗位应当持证上岗，从源头保障生产的安全性。同时，涉案企业要组织生产工人定期进行学习，全方位满足工作需求。涉案企业就如何处置安全生产事故需组织生产工人进行学习，提高工人处置安全生产事故的能力，能够做到有准备、有应急预案。

第二，产品质量法律风险。 产品质量是公司的生命线，涉案企业需要非常关注产品质量问题。从原材料的采购，到制造过程管理，再到成品发货，每一个环节，都存在质量风险，涉案企业需要建立一整套的防范措施。对于产品的报检，涉案企业要区分合格产品与不合格产品，设立产品不合格区，并及时进行整改，无法整改的做报废处理，可以整改的，再次报检。保障每一件流入市场的产品都能够符合国家标准。因此，保证产品质量、做好产品质量风险防范是重点，否则可能不仅要承担民事赔偿责任，还有可能面临行政处罚，情节严重的，还有可能涉嫌刑事犯罪，将依法被追究刑事责任。

第三，商业贿赂法律风险。 若涉案企业在生产经营过程中暗中给予交易对方有关人员和能够影响交易的其他人员以财物或其他好处的行为被认定为商业贿赂行为，则涉案企业可能面临行政处罚甚至刑事处罚的后果，企业管理层将被追究相应法律责任。涉案企业将因存在违法或刑事犯罪记录而错失商业机会，或被剥夺相关经营资质，对经营发展造成极大不利影响。

第四，财税法律风险。按照《中华人民共和国会计法》和《中华人民共和国税收征收管理法》的相关规定，企业应当设置会计账簿，否则将面临罚款。涉案企业作为纳税人、扣缴义务人，在履行纳税义务、扣缴税款义务的过程中，由于自身存在对税收政策的理解、适用偏差和实际操作的行为偏差，可能导致企业承担法律责任的不利后果。税务法律风险伴随着企业从设立登记一直到注销的整个过程。涉案企业的税务风险包括违反税务管理的法律风险、违反纳税义务的法律风险以及违反发票管理与使用的法律风险等。

第五，企业生产经营过程中，还存在金融、公司管理秩序、市场秩序方面的法律风险。对于上述风险，涉案企业需要通过制度建设、体系化管理，做好事前预防、事中落实、事后监督等各项工作，力争各项法律风险可防可控。

3.涉案企业合规计划分析

（1）总结企业风险点

涉案企业通过前述风险点分析，知晓需要重点防范的涉罪法律风险，是合规首先需要解决的问题。同时，涉案企业需要结合自身经营状况将各个方面尤其是安全生产、产品质量、商业贿赂、财税、金融、公司管理秩序、市场秩序等方面所面临的法律风险进行详细分析，并在此基础上，完善公司架构，制定后续的防范措施，从而进一步保障合规计划的可行性。

（2）完善公司构架，制定、落实防范制度与措施

完善涉案企业的架构，制定、落实相关的防范制度与措施直接关系到涉案企业合规计划是否具备可行性。涉案企业需要对公司现有架构进行详细表述，并对每一个部门负责的具体工作以及各个部门之间如何衔接工作进行说明，保证公司的每一个环节都在掌控之中，能够做到上传下达，使公司能够正常运

营。涉案企业在合规整改期间，在原有架构的基础上设立合规委员会，由各部门负责人分别担任合规委员会的主任、委员等，另需设置合规联络员、合规监督员。合规委员会主任负责合规计划在公司的执行，各个部门负责人负责具体落实合规计划，合规联络员及时了解各个部门合规计划的执行情况并向总经理及时汇报，合规监督员负责监督公司所有部门合规计划的执行情况。

另外，涉案企业需要制定防范本次犯罪法律风险的一系列制度措施，保障合规计划的可行性与工作效果。针对安全生产、产品质量、商业贿赂、财税、金融、公司管理秩序、市场秩序等方面的法律风险，也要制定相对应的制度且该制度必须行之有效，能够保障公司将经营过程中的上述风险降至最低，且相应的制度需组织各个部门进行学习，以公司具体部门为单位落到实处，将合规计划的措施纳入公司每个部门的日常工作中，以合规计划规范公司具体运作，为公司的经营保驾护航。

（3）合规计划责任到人，人人执行合规制度

涉案企业合规计划除了制定具体制度，责任人的确定也是重中之重，其关系到合规计划中的具体措施能否落实到企业，能否指导企业的日常经营。因此，涉案企业需要根据公司各个部门的特性，确定其重点防范的法律风险，合规委员会主任为总责任人。针对本次犯罪法律风险的防范，将以合规委员会主任为主导，各个部门负责人为辅助，定期对公司进行相应的风险排查，争取杜绝此类法律风险，生产加工期间的法律风险防范由生产部门负责人为责任人，产品销售期间的法律风险防范由销售部门负责人为责任人，商业贿赂法律风险防范由销售部负责人为责任人，财税法律风险防范由财务部负责人为责任人，公司管理及市场秩序法律风险防范由总经理为责任人，产品售后过程中的法律风险防范由售后部负责人为责任人，同时责任人还应当组织部门员工就该方面的法律风险防范制度进行日常学习，增强整个部门的法律风险防范能力，从而保障公司的所有员工都是合规计划的组成部分，进而取得最大成效。

三、合规整改方案

1. 合规组织体系搭建

（1）涉案企业需要修订公司章程，完善公司架构

涉案企业应修订公司章程，制定企业合规管理办法，确立合规管理制度。公司设立合规委员会，各部门负责人分别担任合规委员会主任及合规委员会成员，公司另聘请法律顾问，由法律顾问定期对合规委员会进行法律知识培训，加强整个合规委员会的法律风险防范能力，如遇重大法律问题，则由法律顾问与合规委员会开会决策。

各部门合规委员会成员负责落实规章制度在本部门的执行，如出现不合规事项或风险时，及时向合规委员会主任汇报。合规委员会主任负责监督各部门各项操作规范是否按照规章制度执行。

（2）完善监事制度，衔接企业合规

涉案企业应明确监事对于公司运转的核心环节的监督把控，如财务、销售、生产、安全等环节是否存在违法、违规行为，是否存在损害员工利益行为等。监督的方式包含定期检查财务、列席会议、提出建议、提议召开股东会以及在特定情况下召集主持股东会，也包含对于合规部门的工作是否尽职尽责进行监督。

2. 建立、完善、落实相关制度

（1）涉罪法律风险防范制度

涉案企业在进行前述风险点分析、可行性分析后，基本已经弄清楚引起本次犯罪的原因。涉案企业需要在知晓本次犯罪原因后，制定相对应的涉罪法律风险防范制度，并形成相应的犯罪档案，保存于公司内部。涉案企业需要实施涉罪法律风险防范制度，该风险是由涉案企业经营管理中存在的不确定因素造

成的，因此加强风险防范是降低风险的主要且有效途径。涉案企业内部需要先进行涉罪法律风险防范的培训，对外则采取合同的方式进行约束，避免由于外部原因造成该风险不可控。

涉案企业应当规定在合规计划执行后多久内学习完毕涉罪法律风险防范制度，并落实具体的方案及措施。

（2）安全生产法律风险防范制度

涉案企业需要制定安全生产法律风险防范制度，对风险产生的原因、等级，如何防范等进行详细阐述，并明确生产部门负责人为安全生产法律风险防范制度的责任人，总经理为日常监督人，并及时组织员工学习安全生产法律风险防范制度，保障该防范制度的落实。

涉案企业应当规定在合规计划执行后多久内学习完毕安全生产法律风险防范制度，并落实具体的方案及措施。

（3）涉税法律风险防范制度

涉案企业需要制定涉税法律风险防范制度，由财务部门负责人负责具体制度的实施，保证公司在日常经营过程中能够做到依法纳税，防止涉税法律风险的发生。

涉案企业应当规定在合规计划执行后多久内学习完毕涉税法律风险防范制度，并落实具体的方案及措施。

（4）商业贿赂法律风险防范制度

涉案企业需要制定反腐败贿赂工作规定，明确公司经营过程中可能发生的商业贿赂行为，并设立相应的惩罚制度，防止公司经营过程中此类违法犯罪行为的发生。

涉案企业应当规定在合规计划执行后多久内学习完毕反腐败贿赂工作规定，并落实具体的方案及措施。

（5）产品质量法律风险防范制度

产品质量法律风险应当是涉案企业关注的重点。由于受工艺、材料、人员质量意识、设备精度等因素影响，产品质量存在问题不可避免，因此，涉案企业必须要加强防范与监督，制定相应的制度用以保障产品质量，要坚持做到以下防范措施：

第一，根据岗位要求，持证上岗。按特种设备生产相关法律法规要求，严格工人持证上岗制度，及时组织工人进行专业培训，特种作业人员必须持证上岗，其他岗位员工要求考核合格后方可上岗。

第二，从严控制各项物料的进场检验工作，在生产过程中发现不合格产品及时进行处置。从严控制各项物料的进场检验工作，保障产品质量。由生产部门的仓库管理员负责对物料入库、领取进行登记，由质检员负责物料的入库检查工作，并把控好产品从生产到出厂的质量检验工作。每道工序完工后，都需要进行报检。一旦发现不合格产品，则贴上不合格标识，立即转入不合格产品区进行整改。无法进行整改的，进行报废处理，直至生产的产品合格；经检验合格的产品，贴上合格标识，方可转入下一道工序或者出厂。需要将合格产品与不合格产品分开管理，要把产品质量把控落到实处。

第三，保证出厂产品质量，加强售后服务。完成所有的检验（包括进货检验、过程检验、装配检验）且结果满足规定要求后，质检员按出厂检验要求进行出厂检验，填写出厂检验报告和存档记录，做好产品检验状态标识，并按审批流程签发合格证。

第四，组织专题会议与培训学习，树立质量第一意识。质量好的产品是生产出来的，而不是检验出来的。涉案企业要对最基层的生产工人和质检员进行培训，通过专题会议、内部培训等方式，提高其质量风险意识和风险控制水平，让他们将质量放在首位，并落实到具体工作中。

涉案企业应当在合规计划执行后一个月内学习完毕产品质量法律风险防范

制度，并落实具体的方案及措施。

3. 制度执行与保障

（1）召开企业员工合规动员大会

涉案企业开始合规整改之后，需要召开合规大会。这次大会要能够让所有员工真正地认识到企业合规能给企业带来的好处，从心底里感激检察机关及第三方组织给予企业的重生机会。公司员工能够继续就业，少不了检察机关及第三方组织办理案件的细致和对涉案企业的帮助和扶持，公司全体员工均应铭记于心。

（2）针对所涉案件，公司管理层进行反思，员工签署合规承诺书

首先公司管理层必须进行反思。作为涉案企业的管理层，在任职期间公司涉嫌犯罪被刑事立案调查，多名人员被抓，管理层负有不可推卸的责任。现涉案企业在检察机关的企业合规改革试点及第三方组织的指导下获得新生。通过此次事件，涉案企业管理层需要痛定思痛，针对犯罪行为进行深刻反思。

（3）找出此次犯罪的根本原因，发现公司存在的法律风险

公司之所以会涉嫌犯罪，归根结底是因为公司管理层的法律意识淡薄，没有注意到公司在经营发展过程中可能面临的法律风险，尤其是针对此次涉罪的法律风险。另外，公司在经营过程中也会面临安全生产法律风险、产品质量法律风险、商业贿赂法律风险、财税法律风险等，这些法律风险如不加以防范，随时都有可能给公司及管理层带来巨大伤害。因此针对此次犯罪所带来的不利影响，公司管理层需要将企业经营过程中的所有法律风险进行排查，争取对法律风险做到应对自如。

（4）制定、落实针对法律风险的防范措施

因涉罪法律风险的防范属于重中之重，公司管理层首先需制定防范该类法律风险的一系列制度措施，保障合规计划的可行性与工作效果。公司针对安全

生产、产品质量、商业贿赂、财税、金融、公司管理秩序、市场秩序等方面的法律风险，也必须制定相对应的实施制度，且该制度要行之有效，能够保障公司将经营过程中的上述风险降至最低。

（5）公司合规计划的执行责任到人

公司的企业合规计划除了制定具体制度，责任人的确定也是重中之重，其关系到合规计划中的具体措施能否落实到企业，能否指导企业的日常经营。因此，公司管理层将会针对公司各个部门的特性，确定其重点防范的法律风险。针对此次涉罪类法律风险的防范，将会以企业负责人为主要负责人，各个部门负责人为辅助，定期进行风险排查，杜绝此类法律风险。安全生产法律风险防范由生产车间负责人为责任人、产品质量法律风险防范由质检部门负责人为责任人、商业贿赂法律风险防范由销售部门负责人为责任人，财税法律风险由财务部门负责人为责任人、公司管理及市场秩序法律风险由公司总经理为责任人，同时责任人还应当对部门员工就该方面的法律风险防范制度进行日常学习，增强整个部门的法律风险防范能力，从而保障公司的所有员工都属于执行合规计划的组成部分，取得最大成效。

公司全体人员，特别是管理层，还应统筹公司发展与合规制度建设，用制度来发展公司、管理公司、建设公司，形成行之有效的管理模式，保障公司的合规经营。

公司管理层必须以身作则，认真学习法律法规，遵纪守法，合法经营，切身参与公司的合规建设。

（6）员工签署合规承诺书

合规承诺书应当包含以下几个方面：

员工应当依照公司的安排，按时按量完成所有工作任务，让企业的生产与合规两不误；

认真学习企业合规文件的内容，认真落实属于自己岗位的合规职责，让企业合规计划落到实处，并将完成合规职责作为自己的基本工作内容之一；

按照第三方组织的建议与意见调整自己工作岗位上的合规职责，使得自己能够更有效、更合理地执行合规计划，帮助公司尽早完成合规整改；

在积极完成合规计划职责的同时，坚持自我排查法律风险、相互排查法律风险，多思考、多学习，一旦发现法律风险，积极向部门负责人汇报，坚持预防为主、治理为辅的方针，全方位进行合规整改；

企业合规整改完成后，企业合规的精神与内容仍应在自己工作岗位上继续保持，要将企业合规内容贯穿在自己所有工作中，不放松、不懈怠。

（7）对员工行为进行规范，制定员工手册

涉案企业需要制定员工手册，并发放给员工，组织员工进行学习，从而为员工合规工作提供指引。员工手册应当包含总则、聘用、考勤、工资发放、员工权利、员工职责、员工职务行为准则、培训与发展、考核评估等与员工工作相关的规定，使得员工从入职、工作、离职等各个方面的权利都能够得到保障，也让员工的行为能够有行为准则可以规范。

（8）全面停止违法行为并展开排查，积极补救

涉案企业需要及时纠正违法行为，全面排查风险，积极采取以下措施进行纠错，防止危害扩大：全面停止涉案违法行为，赔偿被害单位损失并取得谅解；推进涉案产品召回工作，杜绝安全隐患；聘请专业合规律师团队，对企业进行全面风险评估，并制定针对性整改方案。

4. 建立事先风险防范体系

（1）建立常态化风险防控制度，防患于未然

涉案企业根据相关法律法规及企业合规管理办法，制定企业合规风险防控制度，规范公司管理层及所有员工的行为，严格遵守相关法律法规、行业规范、职业道德及公司的规章制度，坚决抵制因违法违规行为损害或谋取公司经

济利益、同时可能为个人带来不正当利益的行为。

（2）建立常态化合规培训机制，为全员合规打下基础

为推进企业合规建设，制定员工培训制度，针对企业员工开展的合规管理培训，分为定期全员培训和不定期专项培训。为规范员工按时参与培训，落实培训计划、签到及奖惩机制。

结合涉案企业涉嫌犯罪行为的发生环节，确立教育培训的重点人员；同时针对刑事法律风险库反映的情况，加大对风险程度较高岗位人员的合规教育力度。

做好教育培训记录。集中教育培训要有培训的会议记录和培训人员的登记簿；个别教育谈话，要有谈话记录。

（3）建立企业风险库，强化企业风险预警及评估

建立企业风险库，是一项重要的基础工作，需要开展下列工作：

第一，围绕涉案企业被指控的具体罪名以及其他相关罪名，企业通过采取自查和请监督员检查的方式确定存在的风险事项。从原材料采购、生产加工、售后服务各个环节对可能存在的风险特别是此次涉罪方面的风险进行审查，对应风险点进行全面梳理，并进行分析、评估和风险分级评定，根据风险点制定针对性的防范措施。

第二，根据企业经营、外部监管政策和环境的变化，定期更新企业风险库。

（4）对接政府监管机关，完善风险防范和监督

涉案企业须主动与当地政府监管机关进行对接，接受监督；定期汇报企业经营管理状况，实时学习、掌握国家法律法规及技术规范，执行监管文件和政策要求，落实依法经营、防范风险的企业主体责任。

5. 建立事中控制体系，完善针对性制度建设，全流程合规把控，完善规章制度

（1）安全生产，全程把控

针对涉案企业开展的每一项业务，从原材料采购、生产加工、质量控制及售后服务的每一个环节，完善全流程的制度化建设及内控审查，全程合规把关。将生产过程中的各项安全措施区分为强制性安全生产要求、非强制性安全生产要求。

对涉案企业的业务进行全面梳理，规范各环节的管理控制程序，严把质量关。尽快建立或梳理公司质量手册、程序文件、作业标准、记录、相关管理规章制度，从原材料质量把控、过程质量控制、出厂质量控制等各环节严格把关，构建规范的质量管理体系，控制产品质量。建立公司内控工作定期体检制度，及时识别潜在风险并及时制定规避措施，防患于未然。

对照国家关于特种设备生产的相关法律法规，如特种设备制造许可规则，梳理现有的人员、设备、工艺工装等资源，做到所有作业人员按规则要求持证上岗，所有作业流程、公司生产运作按规则要求，做好合同控制、作业控制、焊接控制、检验检测控制、质量改进与服务等，为将来顺利取得特种设备资质创造有利条件。

将特种作业人员持证上岗、原材料质量检查、生产过程中的产品质检、出厂产品质检、安全生产培训、定期检验生产设备、消防知识培训作为强制性安全生产要求，合规期间必须整改完成；其他方面的要求作为非强制性安全生产要求。

（2）财税管理，建章立制

涉案企业在合法经营过程中，财税管理不容小觑。为确保公司在账簿设置、财务核算、纳税申报、发票管理、财务管理、涉税合同管理等方面做到有章可循、合规操作，要严格遵守国家的财务制度，健全财务账册，明确财务岗

位责任，规范发票管理、纳税申报，避免涉税法律风险。

（3）规范用章，防范风险

涉案企业需要有效管理相关印章，促使公司内部各部门印章管理工作统一化、制度化，制定印章管理办法。

（4）对违规行为进行检举查处，明确奖惩机制

涉案企业鼓励员工对违规行为进行举报并及时进行查处，明确奖惩机制。建立违规线索报告机制。公司监事负责处理全体员工对违规行为的举报，公开举报的电话号码及邮箱，涉案企业全体员工都有掌握线索及时报告的义务，公司应当对举报人信息做到严格保密和及时报告。建立责任追究机制。企业内部制定违规处罚制度，让全体员工学习，做到制定到位、学习到位、执行到位。对涉嫌违规的各种行为加大调查和追责力度，严肃处理涉嫌违规的直接责任人和间接责任人，提高合规管理的严肃性。

6. 设立事后应对体系——执行监督检查

（1）完善应急管理机制，做到事后及时处置

为确保人员的生命安全及企业财产安全，要及时组织员工学习如何处置安全生产事故，提高工人处置安全生产事故的能力，做到有准备、有应急预案，并定期参加政府部门组织的安全生产事故知识学习。

（2）及时启动合规内部调查，对违规员工及第三方进行处置

首先，对违规人员、违规责任人以及合规机制的漏洞等问题展开有针对性的调查，以便发现违规行为、识别违规责任人并对企业内部控制机制的漏洞和缺陷进行合规体系的完善。

其次，根据内部调查结果对员工进行惩戒。对表现好的员工进行奖励；对表现差的员工作出解除劳动关系、合规赔偿、降级等处理。

（3）及时总结合规体系漏洞，进行针对性整改并主动披露

涉案企业需要在对合规机制漏洞等问题展开有针对性的调查的基础上，及时总结企业合规体系的漏洞所在，并由合规委员会牵头对合规体系进行整改，将事件报告及整改措施及时披露。

四、企业合规给公司带来的影响

1. 建立一套完整的制度，与成熟现代型企业接轨

现今社会，日新月异，企业应该抱着学习的态度去学习新知识。企业作为社会发展的重要载体，保障其正常健康运行的制度也在逐步进行变革。现代型企业注重制度建设，因为市场是开放的，只有建立了稳定的制度才能让企业健康地运行，同时国家的政策也在大力扶持企业的制度化、合规化。通过企业合规化，国家给了涉案企业一个机会，让其在第三方组织的指导下，建立一套完整的制度，这是涉案企业重生的重要转折点，更是其迈向成熟现代型企业的重要一步。

2. 规避诸多风险，保障公司健康经营

合规整改方案的落实会给涉案企业的运营指明方向，首先是能够规避绝大部分的法律风险，包括此次涉罪方面、安全生产方面、税务方面、商业贿赂方面、产品质量方面等方面的风险。合规整改方面的诸多措施对上述法律风险可以做到事前重点防范、事中大概率避免、事后积极应对，不至于发生了法律风险不自知。在如今法律越来越健全的情况下，企业就越需要对生产经营过程中可能面临的各种风险进行梳理，并设立相应的公司制度进行防范，杜绝涉案企业步入某些风险高发区，使得公司能够一直稳健地运行。

3. 让公司重生，稳步前行

涉案企业因为涉嫌犯罪而被刑事立案，公司主要领导被抓，公司基本会陷入停工停产达数月之久，公司极有可能快速走向灭亡。但是国家出台了涉案企业合规第三方监督评估机制。涉案企业如果符合该机制的条件，国家就给其一次重生的机会，让涉案企业主要管理层被取保候审，主持企业的复工复产，并在第三方组织的指导下学习合规整改的相关文件及精神，就企业现存的问题进行梳理与解决，同时为企业的后续健康发展量身打造一套完备可行的制度，能够让企业在后续的经营中再无后顾之忧，也让企业的整个精气神焕然一新，更是为企业以后的做大做强打下坚实的基础。

【律师点评】

合规计划书是合规整改中非常重要的组成部分，其中包含了合规整改的可行性分析、企业风险点分析、企业合规整改方案、合规整改具体措施等内容，也是第三方组织、检察机关重点审查的对象。因此，一份合格的合规计划书，需要涉案单位根据案件的具体情况进行制作，既要符合检察院机关、第三方组织的合规整改要求，也要符合企业自身的经营情况。文章前述的内容系制作合规计划书所应当注意的事项，具体实践中可以根据每个涉案企业情况的不同进行适当调整。同时在制作合规计划书时应当向第三方组织征求意见，并接受第三方组织的合理建议，对于不合理的建议也要跟第三方组织解释清楚为什么不适合涉案企业。涉案企业在制作合规计划书时也要与检察机关及时进行沟通，着重沟通合规计划书中的合规整改方案及制度的保障与执行部分，因为这两部分直接关系到合规整改的方向与制度能否落地，进而直接影响到合规整改能否顺利通过。因此，涉案企业一定要认真制作合规计划书，必须要根据企业的实际情况来，切忌照搬其他涉案企业的合规计划书。因为合规计划书不仅仅是停留在纸面上的文字，而是所有的内容都要在涉案企业中落地，任何一项制度不符合企业的实际情况，在验收阶段都无法有相对应的成果，会导致涉案企业合规整改的失败。因此，合规计划书要符合企业自身的特点，要根据涉案企业的特点制定合规整改措施。

【企业应对】

涉案企业必须高度重视合规计划书，要让律师充分了解企业的基本情况，包括企业的涉案情况、组织架构、人员结构、生产经营情况等。律师了解这些情况后，必须到企业的各个部门加以落实，将各个部门存在的风险告知涉案企业，并与企业相关部门负责人一起分析该风险出现的原因，研究如何防范，一起制定行之有效的防范制度与措施，然后以文字的形式在合规计划书中体现出来，要使合规计划书中的整改措施都是能够在涉案企业当中实施下去，是符合企业实际经营情况的。

【办案心得】

在制作合规计划书过程中，首先，律师要弄清楚涉案企业的案件基本情况、涉案企业所面临的法律风险，并根据企业自身的特点与涉案企业一起研究制定符合其要求的整改制度与措施。其次，律师一定要多与第三方组织、检察机关保持沟通，就合规计划书中的内容征求检察机关及第三方组织的意见与建议，并根据具体的意见与建议对合规计划书进行调整，使合规计划书不仅符合企业本身的发展需求，也能满足第三方组织、检察机关的合规整改要求。要制作一份合格的合规计划书，律师必须与涉案企业、第三方组织、检察机关进行沟通，做到三方之间的信息互通。企业的整改措施在实施之前，第三方组织、检察机关对其也是有一定了解的。要做到企业的合规计划书是包括了涉案企业、第三方组织、检察机关各方意见与建议的合规计划书，而不是一份仅仅停留于纸面、无法执行与落实的合规计划书。因此，只有经过多次沟通制作的合规计划书才是一份真正的合规计划书。

五、相关文书参考样式

×××公司合规计划书
专家审查意见（一）

×××公司：

　　×××年××月××日，你公司向专家组提交《×××公司合规计划书及附件》。依据最高人民检察院、司法部等10部门《关于建立涉案企业合规第三方监督评估机制的指导意见（试行）》第12条、《××市涉案企业合规第三方监督评估组织运行规则（试行）》第5条的规定，专家组对该合规计划进行了审查，并提出以下修改完善的意见建议。

　　一、《合规计划书及附件》存在的问题及修改意见

　　二、同上

　　三、同上

　　……

　　以上审查意见供×××公司参考，如有疑问，可随时与本案专家组×××联系，电话为：×××××××。

　　　　　　　　　×××公司企业合规专家组成员签名：

　　　　　　　　　时间：

×××公司合规计划书
专家审查意见（二）

×××公司：

　　××年××月××日，你公司向专家组提交《合规计划书及附件》；××年××月××日，专家组向你公司出具《××公司合规整改计划专家审查意见书》。你公司依据专家审查意见对合规计划进行修改，并于××年××月××日再次向专家组提交合规计划及附件，专家组全体成员对你公司修改的合规计划及附件进行认真审查，现提出以下审查意见。

　　一、《合规计划书及其附件》仍然存在的问题及修改意见

　　二、同上

　　三、同上

　　　……

　　合规计划书将作为专家组对你公司进行考察的依据，因此，请你公司一定本着可行性、有效性和全面性原则制订合规计划。以上专家审查意见供你公司参考，请你公司在收到本专家组意见之日起五日内提交修改后的合规计划书及附件，如有疑问，可与本案专家组×××联系，电话为：××××××。

　　　　　　　　　　　　　×××公司企业合规专家组成员签名：

　　　　　　　　　　　　　　　　　　　　　时间：

第七章

合规计划书有效执行

·
·
·

一、内部控制机制

1. 概述

内部控制是由企业董事会、监事会、经理层和全体员工各司其职，相互配合并制约，旨在实现控制目标的过程。内部控制的目标是合理保证企业经营管理合法合规、资产安全、财务报告及相关信息真实完整，提高经营效率，促进企业实现发展战略，防范法律风险、经营风险。企业合规整改需要通过内部控制机制进行落实，缺乏有效内部控制机制的企业规章制度将形同虚设。

2. 基本原则

一是全面性原则。内部控制应当贯穿决策、执行和监督全过程，覆盖企业及其所属部门的各种业务和事项。二是重要性原则。内部控制应当在全面控制的基础上，关注重要业务事项和高风险领域。三是制衡性原则。内部控制应当在治理结构、机构设置及权责分配、业务流程等方面相互制约、相互监督，同时兼顾运营效率。四是适应性原则。内部控制应当与企业经营规模、业务范围、竞争状况和风险水平等相适应，并随着情况的变化及时加以调整。五是成本效益原则。内部控制应当权衡实施成本与预期效益，以适当的成本实现有效控制。

3. 建立内部控制机制

建立内部控制机制应从以下五个方面入手：一是建设内部环境。它是内部控制的基础，包括人的因素和文化因素，即建立公司组织结构并明确部门职责，建设企业文化及社会责任等。二是风险评估。企业及时识别、分析经营活动中的法律风险、经营风险，并合理确定风险应对策略。三是风险控制。企业根据风险评估结果，采用相应的控制措施，将风险控制在可承受的限度。四是畅通信息渠道。企业及时准确地收集、传递与内部控制相关的信息，确保信息被有效沟通。五是内部监督。企业对内部控制建立与实施情况进行监督检查，评价内部控制的有效性，发现内部控制缺陷，及时加以改进。

内部控制机制建设与运行一般分为内部控制机制建设、内部控制评价与审计、内部控制机制持续改进与优化。企业应按照企业内部控制基本规范和配套指引的要求，建立内部控制机制，结合本企业实际，以提高经营效率为目标，以风险管理为导向，以流程梳理为基础，以关键控制活动为重点，制订内部控制整体建设实施方案，明确总体建设目标和分阶段任务；要按照管理制度化、制度流程化、流程信息化的要求，立足企业实际，倡导全员参与、全业务覆盖，注重控制实效，抓好内部控制建设基础工作和关键环节；要组织开展内部控制年度评价与审计工作，并促进内部控制机制的持续改进与优化。

4. 让企业组织机构发挥作用

任何一家公司都会有股东会、董事会或执行董事、监事会或监事、经理层、员工，这就是企业的组织机构，也是企业的骨骼，没有这些机构，企业的一切活动就无法正常开展。明确岗位责任制度，在决策、执行、监督、查处等环节相互配合、相互节制，企业机构才能发挥实现经营目标、同步防范经营风险的作用。小规模企业实际控制人往往在决策到执行过程中因缺乏节制、监督而放任风险发生。所以，在企业重大决策中引入合规委员会或合规官，一般可以有效防范法律风险。企业设立合规委员会或合规官的目的是帮助企业设置防火墙防止违规、违法、犯罪行为发生。

涉案企业设立在股东会领导下的合规委员会、经理领导下的合规部（视企业性质、规模而设立），是刑事合规的必设机构，小规模企业可以兼任或设立合规专员。合规负责人必须符合任职资格要求：（1）有能力阻止违法犯罪行为的发生；（2）依照企业规章制度建议企业权力机构制裁违规行为；（3）熟悉业务、能融入企业管理层。

5. 培养正确的企业文化，树立企业社会责任

企业文化是企业在生产经营实践中逐步形成的、为团队所认同并遵守的价

值观、经营理念和企业精神，以及在此基础上形成的行为规范的总称。企业文化建设主要包括企业文化规范建设，企业文化的贯彻落实与评估，企业愿景、宗旨、价值观、经营理念、企业精神的制定与宣传，以及企业品牌建设与维护等。

社会责任是企业在发展过程中应当履行的社会职责和义务，主要包括安全生产、产品质量、环境保护、资源节约、促进就业、员工权益保护等。涉案企业之所以违法犯罪，是因为缺乏社会责任感，为了获取经济利益不惜违法犯罪。假冒他人注册商标生产产品、生产伪劣产品、通过围标或贿赂妨害招投标、严重污染环境、逃税抗税、上市公司虚假财务报表等就是典型的不顾公共利益，没有社会责任的行为。

企业应当通过培养企业文化，加强全员社会责任感，特别是提高管理者的社会责任意识，积极履行社会公益方面的责任和义务，共同防范侵害社会公共利益的事件发生，这是有效内部控制的基本前提条件。比如：在安全生产方面，企业责任要求强化员工安全生产法治观念，规范安全生产管理，落实各级安全员责任制和事故责任追究制，完善各项应急处置措施，防止重大安全事故发生；在产品质量方面，建立质量管理体系、监督体系，提高产品质量；在环境保护方面，环境保护投入不足，资源耗费大，容易造成环境污染或资源枯竭，可能导致企业面临巨额赔偿、行政处罚，进而导致企业缺乏发展后劲或停业，企业要与环境保护协调发展，坚持可持续发展战略，实现环境保护与生产同步规划、同步实施、同步发展，遵守国家和地方环境保护法律法规，减少有害物质排放，防治环境污染和其他公害。

6. 发现风险到控制风险

内部控制的本质是风险控制，企业合规基于风险的合规，风险是未来的、不确定的。企业风险分为经营风险和法律风险，本书只分析法律风险。法律风险中较为典型的是制度合规风险、环境保护合规风险、合同风险、法律诉讼与纠纷风险、知识产权风险、审计与监察评价风险、信息披露风险、道德与廉政风险。风险从发现、评估、制定对策到控制，有系统的管理流程。

首先，要认识风险的特征。风险具有以下特征。

（1）客观性。风险的存在取决于决定风险的各种因素，完全消除或完全控制风险是不可能的，只有认识风险、承认风险，并采取相应的控制措施，才有可能降低或化解风险。

（2）突发性。风险的产生往往突如其来，因而也加剧了风险的破坏性。

（3）多变性。风险会受到各种因素的影响。随着影响因素的变动，风险在性质、破坏程度等方面呈现动态变化的特征。

（4）相对性。企业对风险的承受能力，因拥有资源和管理经验的差异而各不相同，风险造成的相对损失及后续影响也不尽相同。

（5）无形性。风险需要运用不同的概念和方法予以界定和估计，使用定性和定量的方法综合分析。

其次，要严格风险管理流程。

风险管理流程主要包括信息收集、风险识别、风险分析、风险评估、风险控制五个步骤。企业应根据实际情况，明确风险管理流程，确定风险识别、评估、应对的周期，原则上每年至少识别、评估风险一次。风险评估是指在风险识别基础上，进行定性或定量评价，确定风险发生的可能性和影响程度，排序后确定风险等级，绘制风险图的过程。

（1）关于信息收集。在风险管理过程中，企业应与内外部利益相关方沟通，制定畅通信息渠道的方案与计划，明确风险原因、风险后果相关事项，以及应对措施，沟通的目的是得到风险管理责任人和利益相关方的理解，畅通信息采集。

（2）关于风险识别。风险识别是发现、辨识风险的过程，包括对风险源、风险事件、风险原因和潜在后果、影响范围的识别。风险识别应重点关注风险识别的全面性、重要性、风险与风险源的关系。

（3）关于风险分析。风险分析是理解风险特性和确定风险大小（定性、定量）的过程，它为风险评价和风险应对提供基础，风险分析包括分析潜在的风险事件、分析风险后果、分析风险发生的可能性、分析控制措施、确定风险等级。

（4）关于风险评估。风险评估是把风险分析的结果与风险准则相比较，以决定风险及其大小是否可以接受或可容忍的过程。风险评估的主要内容包括风险后果、可能性的测试指标、风险等级、风险的可接受性、风险的时间敞口、利益相关方的意见等。

（5）关于风险控制。风险控制是风险管理者采取各种措施和方法，消灭或减少风险事件发生的可能性，或者减少风险事件发生时造成的损失。

风险管理须考虑内外部环境，在明确环境因素时，企业可以从外部环境如社会、政治、法律、自然、竞争环境和内部环境如治理结构，内部机构，岗位责任，企业方针、目标、文化、信息系统两个方面综合考虑。

二、专项内部控制机制

1. 财税内部控制机制

（1）合规案例及其分析

2021 年 12 月，杭州市税务局稽查局通过税收大数据分析发现，某网红主播两年内，偷逃、少缴税款 7.03 亿元，最终追缴税款、滞纳金并处罚款共 13.41 亿元[①]。互联网大数据已经渗透到了社会各方面，税务"金四"系统已对个人、对企业进行多方位监管，企业财税合规已成为企业合规的重要内容。

---

① 资料来自国家税务总局浙江省税务局网站。

【案例7-1】 喻兴钢虚开增值税专用发票、
用于骗取出口退税罪一案 [①]

原审判决认定，2005年7月，黄建兴（未到案）通过周某得知喻兴钢可以搞到抵扣税款的发票，便找喻兴钢商谈并议定由黄建兴按票面完税价格金额的4%向喻兴钢支付手续费。事后，喻兴钢与深圳市一出售假发票的自称姓李的人（以下简称李某，基本情况不详）联系好购票事宜。后黄建兴通过喻兴钢从李某手中购得三份按双方约定内容虚开的海关增值税专用缴款书，票号分别为：（0507）532020051200930641-L02、（0507）532020051200930642-L02、（0507）532020051200930671-L02，票面完税价格金额合计为2 835 619.4元，税款金额合计为368 630.52元。上述三份发票均已由中华人民共和国文锦渡海关认定为假发票。受票后，黄建兴经营的湘潭县响塘乡全福堂锰业有限公司将其作为进项发票，在向湘潭县税务局进行纳税申报中进一步虚构进口该批货物的事实，隐瞒发票的真实来源，并利用国税部门对此类发票的真伪无法鉴别的漏洞通过了税务机关的认证准予其公司进行了抵扣，骗取抵扣税款368 630.52元。案发后，被告人喻兴钢已退还违法所得93 000元。……一审法院判决如下：依照1997年修订的《中华人民共和国刑法》（以下简称《刑法》）第205条第1、4款等规定，对被告人喻兴钢犯虚开用于抵扣税款发票罪，判处有期徒刑3年，并处罚金人民币150 000元。宣判后，原审被告人喻兴钢不服判决提出上诉，二审法院裁定：驳回上诉，维持原判。

[①] 湖南省湘潭市中级人民法院（2023）湘03刑终20号二审刑事裁定书（资料源自中国裁判文书网）。

企业交易行为应当建立在真实的基础上，建立在真实交易基础上的增值税专用发票才能抵扣税款，虚假抵扣相当于从国库偷钱，刑法严惩偷逃税款的行为。企业应怎样防止虚假抵扣税款的情况发生？首先，企业管理层需要有守法经营、诚信经营的理念，建立健全包括财务制度在内的各项规章制度。其次，财务报告、税务报表必须建立在真实交易基础上，财务部门设置不相容岗位，严格执行岗位责任，虚假财税报表依法追责，明确谁作假谁承担法律责任。这样一来，因为没有第一手的假财税报表，企业管理层想假也假不了，因为明确了作假的法律责任，企业财务人员也没了作假的胆量，严格岗位职责这种简单的内部控制可以帮助企业杜绝此类犯罪行为。

【案例 7-2】 东莞市华劲五金有限公司、向君红逃避追缴欠税罪一案[①]

法院经审理查明，被告单位东莞市华劲五金有限公司（以下简称华劲公司）成立于 2010 年 11 月 16 日，在东莞市经营，被告人向君红系公司的法定代表人兼实际经营者，负责公司日常事务及财务事项的管理。2015 年 4 月及 2016 年 4 月，税务机关经审查，发现华劲公司已用于抵扣税款的增值税专用发票存在问题，便先后于 2015 年 4 月 20 日、2016 年 4 月 26 日出具《税务处理决定书》2 份，向华劲公司追缴已抵扣税款共计 456 693.62 元，并将上述文书送达华劲公司。向君红收到《税务处理决定书》后，并未向税务部门补缴相应税款，并多次将公司对公账户收取的资金转移到其个人账户内，逃避税务机关的追缴。2021 年 5 月 7 日零时许，民警经侦查抓获向君红。全案发之日止，华劲公司欠缴税款 456 693.62 元，滞纳金 456 693.62 元。案

---

① 广东省东莞市第二人民法院（2021）粤 1972 刑初 3851 号刑事判决书（源自裁判文书网）。

发后，向君红的家属已代华劲公司补缴税款 456 693.62 元及滞纳金 10 000 元。另查明，被告人向君红的家属已于庭后 2022 年 1 月 19 日代被告单位补缴了全部滞纳金。

法院认为，被告单位东莞市华劲五金有限公司欠缴应纳税款，采取转移或者隐匿财产的手段，致使税务机关无法追缴欠缴的税款，数额在 100 000 元以上，被告人向君红作为直接负责的主管人员及直接责任人员，其行为均已构成逃避追缴欠税罪，均应依法予以惩处。公诉机关指控被告单位东莞市华劲五金有限公司、被告人向君红犯逃避追缴欠税罪，事实清楚，证据确实、充分，罪名成立，法院予以支持。依照《中华人民共和国刑法》第 203 条、第 211 条、第 30 条、第 31 条、第 67 条第 3 款、第 72 条第 1 款、第 72 条第 3 款、第 73 条第 2 款、第 73 条第 3 款、第 53 条第 1 款的规定，判决如下：（1）被告单位东莞市华劲五金有限公司犯逃避追缴欠税罪，判处罚金 460 000 万元（罚金在判决生效后十日内一次性向本院缴纳，上缴国库）。（2）被告人向君红犯逃避追缴欠税罪，判处有期徒刑 3 年，缓刑 3 年，并处罚金 460 000 元（已缴纳罚金 4 万元，剩余罚金在判决生效后 10 日内一次性向本院缴纳，上缴国库）。缓刑考验期限，从本判决确定之日起计算。

公司欠税 456 693.62 元，税务机关向公司送达《税务处理决定书》处罚滞纳金 456 693.62 元，公司收到该处理决定书后，采取转移或者隐匿财产的手段再次逃避追缴，税务机关向公安机关刑事报案，公安机关立案逮捕企业法定代表人，法院判决公司及法定代表人罚金分别又是两个 460 000 元，这样一来，因为逃税需要向税务机关缴纳两个 456 693.62 元（分别是欠税金额、滞纳金），需要向法院缴纳两个 460 000 元的罚金（公司和法定代表人各处 460 000 元）。公司逃税一错再错，导致经济损失巨大，且法定代表人还要承担限制人身自由的刑事责任。原因是公司决策人、执行人、财务人员岗位混同，职责不明，没有内部控制机制。公司是有组织架构的独立法人，股东会、董事会、监事会、经理层都应依法履职，共同防范法律风险，不能放任违法犯罪事件顺利通过公司决策、执行程序。附带说明，法律对逃税行为具有溯及力，打击公司成立以来10年内发生的逃税行为。

《刑法》分则第三章第六节涉税罪名有：逃税罪（第201条）；抗税罪（第202条）；逃避追缴欠税罪（第203条）；骗取出口退税罪，逃税罪（第204条）；虚开增值税专用发票、用于骗取出口退税、抵扣税款发票罪（第205条）；虚开发票罪（第205条之一）；伪造、出售伪造的增值税专用发票罪（第206条）；非法出售增值税专用发票罪（第207条）；非法购买增值税专用发票、购买伪造的增值税专用发票罪，虚开增值税专用发票、用于骗取出口退税、抵扣税款发票罪，伪造、出售伪造的增值税专用发票罪，非法出售增值税专用发票（第208条）；非法制造、出售非法制造的用于骗取出口退税、抵扣税款发票罪，非法制造、出售非法制造的发票罪，非法出售用于骗取出口退税、抵扣税款发票罪，非法出售发票罪（第209条）；持有伪造的发票罪（第210条之一）。

（2）财务部门职责及建立内部控制

财务部门主要有以下职责。

会计核算：建立完善财务核算体系，对企业经济业务进行账务处理，编制企业财务报告，参与企业的经营分析，为企业生产经营决策提供准确及时的财务信息。基本要求是真实、全面，无重大遗漏。

资金管理：筹措企业生产经营资金，合理调度企业资金，分析企业资金营运能力，分析控制企业债权债务，为生产经营提供资金支持。基本要求是保障企业资金安全。

成本控制：拟定企业的成本控制措施，制作产品或项目的目标成本，监督成本的开支范围，审核企业各项费用的真实性、合法性，审核各类经济合同，按规定程序和条件核付，进行成本分析并提出处理意见。

依法办税：申领、开具、保管发票，办理税务报表的申报。

为实现财务部门上述职责，企业需要建立健全内部控制制度。内部控制不是目的，而是实现目的的手段。内部控制的目标是帮助企业实现对资产的有效管理、财务报告真实可靠、企业经营活动合法合规。

财税合规需要多部门参与：企业财务部门、法务或内部审计部门协同合作，才能确保企业财务和税务活动合规。财务部门主要负责会计核算、资金管理、税务申报；法务部门主要负责合同审查，法律风险管理，对外参与法律诉讼，参与企业制度制定并监督实施，通过合同审查确保合同真实、合法、有效，避免合同履行过程中的财税风险，对可能面临的法律风险进行预警，并及时提出解决方案，协同财务等相关部门共同防范财税风险。

关于内部审核部门，小规模企业可以设置内审人员，主要职责包括内部审核会计人员制作的财税报告，并对其真实性、完整性、合法性进行审核，主要工作是通过对企业财税行为的审查，发现和遏制不合规的问题，确保企业财务和税务行为合法合规，避免财税风险。

总之，财税合规需要企业管理层高度重视，在合规委员会主任或首席合规师领导下，会计、法务、审计多方人员共同参与并形成制约机制，及时发现财税风险，采取积极措施避免发生涉及财税的行政处罚、刑事责任。律师从企业法务角度参与，重在帮助企业建立内部控制制度，使得企业财税事务在合规框架内有序运行。

内部控制强调人的重要性，内部控制是由人来设计和实施的，员工通过自身影响着他人工作和整个内部控制系统。所以，要求所有员工清楚他们在内部控制系统中的地位和作用并协调一致，才能推进内部控制制度的有效运转。

企业应当根据国家有关法律法规和企业章程，建立规范的企业治理结构和议事规则，明确决策、执行、监督等方面的职责权限，形成科学有效的职责分工和制衡机制。企业各级管理人员应当在授权范围内行使职权和承担责任，重大的业务和事项应当实行集体决策审批或者联签制度，任何个人决策都应受到制约，个人不得擅自改变集体决策。

2. 知识产权、贿赂、招投标案例及其内部风险控制分析

【案例7-3】　上海J公司、朱某某假冒注册商标案

（源自最高人民检察院发布的《企业合规典型案例（第二批）》）

　　基本案情：上海市J智能电器有限公司（以下简称J公司）注册成立于2016年1月，住所地位于浙江省嘉兴市秀洲区，公司以生产智能家居电器为主，拥有专利数百件，有效注册商标3件，近年来先后被评定为浙江省科技型中小企业、国家高新技术企业。公司有员工2000余人，年纳税总额1亿余元，被不起诉人朱某某系该公司股东及实际控制人。2018年8月，上海T智能科技有限公司（以下简称T公司）与J公司洽谈委托代加工事宜，约定由J公司为T公司代为加工智能垃圾桶，后因试产样品未达质量标准，且无法按时交货等原因，双方于2018年12月终止合作。为了挽回前期投资损失，2018年12月至2019年11月，朱某某在未获得商标权利人T公司许可的情况下，组织公司员工生产假冒T公司注册商标的智能垃圾桶、垃圾盒，并对外销售获利，涉案金额达560万余元。2020年9月11日，朱某某主动投案后被取保候审。案发后，J公司认罪认罚，赔偿权利人700万元并取得谅解。2020年12月14日，上海市公安局浦东分局以犯罪嫌疑单位J公司、犯罪嫌疑人朱某某涉嫌假冒注册商标罪移送浦东新区检察院审查起诉。

企业合规整改情况及效果：

一是认真审查，对符合适用条件的企业开展合规试点。浦东新区检察院经审查认为，J公司是一家高新技术企业，但公司管理层及员工法律意识淡薄，尤其对涉及商业秘密、专利权、商标权等民事侵权及刑事犯罪认识淡薄，在合同审核、财务审批、采购销售等环节均存在管理不善的问题。鉴于J公司具有良好的发展前景，犯罪嫌疑人朱某某有自首情节，并认罪认罚赔偿了T公司的损失，且该公司有合规建设意愿，具备启动第三方机制的基本条件，考虑其注册地、生产经营地和犯罪地分离的情况，有必要启动跨区域合规考察。

二是三级联动，开启跨区域合规第三方机制"绿色通道"。2021年4月，浦东新区检察院……委托企业所在地的浙江省嘉兴市检察院、秀洲区检察院协助开展企业合规社会调查及第三方监督考察……随后，秀洲区检察院成立了由律师、区市场监督管理局、区科技局熟悉知识产权工作的专业人员组成的第三方组织，并邀请人大代表、政协委员对涉案企业同步开展监督考察。

三是有的放矢，确保合规计划"治标更治本"。浦东新区检察院结合办案中发现的经营管理不善情况，向J公司制发《合规风险告知书》，从合规风险排查、合规制度建设、合规运行体系及合规文化养成等方面提出整改建议，引导J公司作出合规承诺。第三方组织结合风险告知内容指导企业制定合规计划，明确合规计划的政策性和程序性规定，从责任分配、培训方案到奖惩制度，确保合规计划的针对性和有效性。同时，督促企业对合规计划涉及的组织体系、政策体系、程序体系和风险防控体系等主题进行分解，保证计划的可行性和有效性。J公司制定了包括制定合规章程、健全基层党组织、建立合规组织体系、制定知识产权专项合规政策体系、打造合规程序体系、提升企业合规意识等方面的递进式合规计划，并严格按照时间表扎实推进。

四是找准定位，动态衔接实现异地监管"客观有效"……J公司成立合规工作领导小组，修改公司章程，强化管理职责，先后制定知识产权管理、合同审批、保密管理、员工培训、风险控制等多项合规专项制度，设立合规专岗，实行管理、销售分离，建立合规举报途径，连续开展刑事合规、民事合规及知识产权保护专项培训，外聘合规专业团队定期对企业进行法律风险全面体检，并且每半个月提交一次阶段性书面报告。第三方组织通过书面审查、实地走访、听取汇报等形式，对合规阶段性成效进行监督检查。

五是充分评估，确保监督考察及处理结果"公平公正"。考察期限届满，第三方组织评估认为，经过合规整改，J公司提升合规意识，完善组织架构，设立合规专岗，开展专项检查，建立制度指引，强化流程管理，健全风控机制，加强学习培训，完成了从合规组织体系建立到合规政策制定，从合规程序完善到合规文化建设等一系列整改，评定J公司合规整改合格。浦东新区检察院联合嘉兴市检察院、秀洲区检察院通过听取汇报、现场验收、公开评议等方式对监督考察结果的客观性充分论证。2021年9月10日，浦东新区检察院邀请人民监督员、侦查机关、异地检察机关代表等进行公开听证。经评议，参与听证各方一致同意对涉案企业及个人作出不起诉决定。

【案例7-4】　王某某、林某某、刘某乙对非国家工作人员行贿案（源自最高人民检察院发布的《企业合规典型案例（第一批）》）

基本案情：深圳Y科技股份有限公司（以下简称Y公司）系深圳H智能技术有限公司（以下简称H公司）的音响设备供货商。Y公司业务员王某某，为了在H公司音响设备选型中获得照顾，向H公司采购员刘某甲陆续支付"好处费"25万元，并在刘某甲的暗示下向H公司技术总监陈某行贿24万余元。由王某某通过公司采购流程与深圳市A数码科技有限公司（以下简称A公司）签订采购合同，将资金转入至 A 公司账户，A 公司将相关费用扣除后，将剩余的资金转入至陈某指定的账户中。Y 公司副总裁刘某乙、财务总监林某某，对相关款项进行审核后，王某某从公司领取行贿款项实施行贿。2019 年10 月，H 公司向深圳市公安局南山分局报案，王某某、林某某、刘某乙及刘某甲、陈某相继到案。2020 年 3 月，深圳市公安局南山分局以王某某、林某某、刘某乙涉嫌对非国家工作人员行贿罪，刘某甲、陈某涉嫌非国家工作人员受贿罪向深圳市南山区检察院移送审查起诉。2020 年 4 月，检察机关对王某某依据《中华人民共和国刑事诉讼法》第一百七十七条第二款作出不起诉决定，对林某某、刘某乙依据刑事诉讼法第一百七十七条第一款作出不起诉决定，以陈某、刘某甲涉嫌非国家工作人员受贿罪向深圳市南山区法院提起公诉。同月，深圳市南山区法院以非国家工作人员受贿罪判处被告人刘某甲有期徒刑 6 个月，判处被告人陈某拘役 5 个月。法院判决后，检察机关于 2020 年 7月与 Y 公司签署合规监管协议，协助企业开展合规建设。

企业合规整改情况及处理结果：

检察机关在司法办案过程中了解到，Y 公司属于深圳市南山区拟上市的重点企业，该公司在专业音响领域处于国内领先地位，已经在开展上市前辅导，但本案暴露出 Y 公司在制度建设和日常管理中存在较大漏洞。检察机关与 Y 公司签署合规监管协议后，围绕与商业贿赂犯罪有密切联系的企业内部治理结构、规章制度、人员管理等方面存在的问题，制定可行的合规管理规范，构建有效的合规组织体系，健全合规风险防范报告机制，弥补企业制度建设和监督管理漏洞，防止再次发生相同或者类似的违法犯罪行为。Y 公司对企业内部架构和人员进行了重整，着手制定企业内部反舞弊和防止商业贿赂指引等一系列规章制度，增加企业合规的专门人员。检察机关通过回访 Y 公司合规建设情况，针对企业可能涉及的知识产权等合规问题进一步提出指导意见，推动企业查漏补缺并重启了上市申报程序。

【案例 7-5】　　　　袁柳对非国家工作人员行贿罪一审刑事判决书[①]

　　基本案情：公诉机关指控，2021 年 7 月，侯晖（另案处理）获知南康有一个 2 亿多的项目要开标，于是分别邀请被告人袁柳以及徐增东（另案处理）一起参与投标，由徐增东负责寻找出资人和合作投标单位，袁柳负责找评标专家让指定单位中标，三方达成初步意向。项目开标前，徐增东找到了出资人龚乃初（另案处理）以及合作投标单位，然后徐增东让侯晖与袁柳商议具体合作条件，侯晖遂安排了祝佳杰（另案处理）与袁柳对接商议。经商议，达成了如果项目中标，徐增东支付 7 个点好处费给侯晖、祝佳杰，侯晖将其中的 5 个点好处费分给袁柳的合作意向。7 月 28 日项目开标前，根据袁柳的要求，侯晖通过徐增东（龚乃初实际出资）先行支付了 100 万元给袁柳用于运作项目，袁柳将其中 18 万元用于支付标书费用。后袁柳相继通过杨淦根（在逃）、朱殿虎（另案处理）、喻慧忠（另案处理）、徐永桦（已判刑）以层层委托的方式向评标专家姚丽华（另案处理）等人打招呼以关照。7 月 29 日，合作投标单位以第一名的分数中标。于是袁柳要求支付剩余的好处费，7 月 31 日，侯晖通过徐增东由龚乃初支付了 100 万元给袁柳。中标后，评标专家姚丽华要求徐永桦兑现好处费，徐永桦通过喻慧忠、朱殿虎反馈给袁柳，袁柳以该项目有人正在举报，没有发中标通知书为由未支付。8 月 23 日，徐永桦自行送了 10

[①]　源自中国裁判文书网，江西省赣州市南康区人民法院（2022）赣 0703 刑初 128 号刑事判决书。

万元给评标专家姚丽华。2021 年 11 月 23 日，被告人袁柳主动向侦查机关投案自首，到案后如实供述其犯罪事实。2021 年 11 月 26 日，被告人袁柳在侦查机关主动退缴全部犯罪所得 182 万元。公诉机关建议判处被告人有期徒刑 7 个月，并处罚金。

法院经开庭审理后判决：（1）被告人袁柳犯对非国家工作人员行贿罪，判处有期徒刑 7 个月，并处罚金人民币 32 000 元（已缴纳）；（2）没收被告人袁柳的犯罪所得 182 万元（已追缴，未随案移送），上缴国库。

分析意见：

当今中国已是市场经济国家，企业通过招投标参加竞争获得签约机会是很平常的营销行为，但如果通过行贿评标委员会成员获得中标，使招投标流于形式，这不仅损害了招标人的利益，也损害了其他投标人的利益，通过行贿中标的行为违反《招标投标法》《刑法》。对于这种危害社会的行为，法律将给予惩罚。上述案件惩处了个人，没有惩处其背后的单位，很明显投标单位才是受益主体，行贿也是为了单位的利益，没有追究单位犯罪只是因为没有证据证明单位参与了行贿。该案虽然没有追究单位犯罪，但单位供销部门内部控制缺失或内部控制形同虚设是显然的。一个工程总价超 2 亿元的项目，拟投标单位应当高度重视。正常情况下，单位供销部门获得招投标机会后，报单位计划部门组织供销部门、财务部门、技术部门、工程部门、法务部门等相关部门商议项目投标方案，报总经理批准是否参与投标。如决定参与投标才有标书制作等准备工作，参与投标要有业绩、报价、技术参数等核心竞争力指标才可能中标。如果投标项目在企业走完了这些正常流程，围标或通过行贿中标行为将难以发生。

手中有权力的供销人员容易被贿赂，商业贿赂行为损害公平、有序的市场经济，不论是为了中饱私囊，还是为了单位利益，行为人都将面临法律制裁。为防范此类法律风险，企业应当建立和完善内部控制机制，供销岗位职权通过不相容岗位受到限制，如大额采购需要通过市场询价、比选、择优筛选供应商并由供应部门形成书面报告，企业另行安排人员进行合同洽谈，必要时有法务、财务人员参与，单位加盖公章前须经理最终审核把关签字落实责任，这样将大大降低商业贿赂发生的概率。

关于贿赂犯罪，《中华人民共和国刑法》分则第三章第三节"妨害对公司、企业的管理秩序罪"和第八章贪污贿赂罪共计8个罪名：非国家工作人员受贿罪、受贿罪（第163条）；对非国家工作人员行贿罪，对外国公职人员、国际公共组织官员行贿罪（第164条）；受贿罪（第385条）；单位受贿罪（第387条）；行贿罪（第389条）；对单位行贿罪（第391条）；介绍贿赂罪（第392条）；单位行贿罪（第393条）。法网恢恢，疏而不漏，刑法对贿赂犯罪的惩处已经全覆盖。

【案例7-6】 山东沂南县Y公司、姚某明等人串通投标案（源自最高人民检察院发布的《企业合规典型案例（第二批）》）

基本案情：山东省沂南县Y有限公司（以下简称Y公司）系专门从事家电销售及售后服务的有限责任公司，法定代表人姚某明。除Y公司外，姚某明还实际控制由其表哥姚某柱担任法定代表人的沂水县H电器有限公司（以下简称H公司）。2016年9月、2018年3月、2020年6月，犯罪嫌疑人姚某明为让Y公司中标沂水县农村义务教育学校取暖空调设备采购，沂水县第一、第四中学教室空调等招标项目，安排犯罪嫌疑人徐某（Y公司员工）借用H公司等三家公司资质，通过暗箱操作统一制作标书、统一控制报价、协调专家评委等方式串通投标，后分别中标，中标金额共计 1134 万余元。2021 年 1 月，沂水县公安局以 Y 公司、姚某明等人涉嫌串通投标罪移送沂水县检察院审查起诉。

企业合规整改情况及效果：

一是综合审查，确定案件纳入企业合规考察范围。沂水县检察院经审查认为，虽然该案中标金额较大，但 Y 公司姚某明等人有自首情节，主动认罪认罚，Y 公司正处于快速发展阶段，在沂南县、沂水县空调销售市场占据较大份额，疫情期间带头捐款捐物，综合考虑企业社会贡献度、发展前景、社会综合评价、企业负责人一贯表现等情况，以及该企业在法律意识、商业伦理、人员管理、财务管理等方面存在的问题，决定对该案适用企业合规试点工作。2021 年 6 月，沂水县检察院经征询涉案企业、个人同意，层报山东省检察院审核批准，对该案正式启动企业合规考察。

二是第三方组织多次深入企业实地走访、考察，主动约谈企业负责人，全面了解企业情况，诊断出 Y 公司在风险防控、日常管理方面存在缺乏招投标管理制度，内部审批不严，账簿登记不实等诸多问题，指导企业制定覆盖生产经营全过程、各环节和管理层级的合规计划，确定 3 个月的考察期。在考察期内企业建立健全相关制度机制堵塞管理漏洞。

三是组建巡回检查小组，对第三方组织履职情况开展"飞行监管"。沂水县第三方机制管委会制定《沂水县企业合规改革试点巡回检查小组工作方案》，结合本案案情，选取 6 名熟悉企业经营和法律知识的人大代表、政协委员、人民监督员组成巡回检查小组。巡回检查小组和办案检察官通过不预先告知的方式，深入两家企业进行实地座谈，现场抽查 Y 公司近期中标的招标项目，对第三方组织履职情况以及企业合规整改情况进行"飞行监管"。通过现场核查，认为涉案企业整改到位，未发现第三方组织不客观公正履职情况。

四是延伸检察职能扩大办案效果。承办检察官在全面审查合规考察报告和案件情况的基础上，提出拟不起诉意见。为确保公开公正，检察机关邀请政协委员、人民监督员和第三方机制管委会成员等 5 人组成听证团，对该案进行合规验收听证，听证人员一致同意检察机关意见。2021 年 10 月，沂水县检察院经综合评估案情、企业合规整改、公开听证等情况，认为 Y 公司、姚某明等人主动投案、认罪认罚，主观恶性较小，串通投标次数较少，且案发后有效进行企业合规整改，建立健全相关制度机制堵塞管理漏洞，依法合规经营不断创造利润，社会危害性较小，对 Y 公司、姚某明等人依法作出相对不起诉决定。

串通投标行为还容易触犯对非国家工作人员行贿罪、对单位行贿罪、单位行贿罪、合同诈骗罪、侵犯商业秘密罪，企业应当通过内部控制制度严格进行管理、规范招投标行为，防范招投标过程中违法犯罪行为的发生。

3.供销部门职责及内部控制

企业供应部门是为企业正常生产经营而购买原材料、配件等物资、设备的部门，供应部门的职责是合理采购、降低采购成本，提高采购质量，确保生产所需物资、设备的供应，为此需要岗位职责规范采购行为。销售部门是将企业生产的产品出售、实现利润的部门。供应和销售环节都与金钱打交道，容易触发贿赂犯罪、妨害招投标秩序的犯罪、侵犯他人知识产权等犯罪，所以规范供销行为，降低采购成本、提高采购质量，以确保企业生产所需物资、设备，提高产品性价比，销售才能有市场竞争力，才能尽快回笼资金进行再生产。规范供销行为是企业的要求，也是市场的要求，同行业公平竞争，需要在法治轨道上进行。以贿赂方式进行供销、以围标方式中标，以假冒他人驰名商标获取高额利润等扰乱市场经济秩序的行为获得市场份额，获取非法利润，是市场经济所不容的，法律必将予以惩处。企业要想在市场竞争中获得一席之地，必须降低成本，增加包括研发在内的核心竞争力，合规经营。

为防止违规经营，企业要通过内部控制机制防止违法犯罪行为的发生，笔者承办的某一刑事合规案，企业合规流程全部走完，在等待检察机关组织听证程序期间，企业再次作出假冒他人注册商标的行为，刑事合规功亏一篑，该企业合规整改宣告失败。回看合规工作，企业合规计划经过第三方组织审核通过，合规计划的整改工作都已实施，包括全员学习培训，高级管理人员专场培训，建立健全岗位责任、规章制度，成立合规部，供销等部门自查违规情况，将违规行为纳入绩效考核等一系列合规整改工作。但该企业的情况是实际控制人一言九鼎，平常工作中没有人敢说一个不字，简单地说，该企业是人治而非制度管人。案发前，已离职的夏某利用企业制度形同虚设的情况，直接通过另一股东张某向生产厂长李某下达制造假冒 XX 重工产品的计划，生产厂长李某认为这是股东张某下达的计划，就指令工人抓紧生产，产品还没有出厂，就被公安人员现场查获，公司实际控制人刘某某再次被逮捕追究刑事责任。这个案例告诉我们，公司制度需要落实。正常情况下，企业销售部门接到客户订单后，需要报公司计划部，计划部组织供应部门、生产部门、技术部门、财务部门商议生产方案，供应部门准备原材料，技术部门安排生产设备、绘制产品技术指标和质量要求，财务部门安排资金，方案报总经理批准后实施。然而上述流程形同虚设，参与人员岗位职责缺失，生产厂长李某接到股东张某指令后直接安排工人去仓库领取原材料立刻投入生产。技术部门、财务部门、计划部门竟然在案发后说不知情，可见正常内部控制流程被简化带来的后果是内部控制失灵，让违法犯罪指令一路绿灯。怎样才能让制度落实呢？只有明确岗位责任，加大内部监督，让敢于坚持原则的人在内部控制的关键岗位发挥节制作用，当然这一切需要前述系统性的内部控制机制发挥作用。

4. 环境污染、安全生产合规案例及法律风险内部控制分析

【**案例 7-7**】 张家港市 L 公司、张某甲等人

污染环境案（源自最高人民检察院发布

《企业合规典型案例（第一批）》）

基本案情：江苏省张家港市 L 化机有限公司（以下简称 L 公司）系从事不锈钢产品研发和生产的省级高科技民营企业，张某甲、张某乙、陆某某分别系该公司的总经理、副总经理、行政主管。2018 年下半年，L 公司在未取得生态环境部门环境评价的情况下建设酸洗池，并于 2019 年 2 月私设暗管，将含有镍、铬等重金属的酸洗废水排放至生活污水管，造成严重环境污染。苏州市张家港生态环境局现场检测，L 公司排放井内积存水样中总镍浓度为 29.4mg/L、总铬浓度为 29.2mg/L，分别超过《污水综合排放标准》的 29.4 倍和 19.5 倍。2020 年 6 月，张某甲、张某乙、陆某某主动向张家港市公安局投案，如实供述犯罪事实，自愿认罪认罚。2020 年 8 月，张家港市公安局以 L 公司及张某甲等人涉嫌污染环境罪向张家港市检察院移送审查起诉。张家港市检察院进行办案影响评估并听取 L 公司合规意愿后，指导该公司开展合规建设。

企业合规整改情况及处理结果如下。

检察机关经审查认为，L 公司及张某甲等人虽涉嫌污染环境罪，但排放污水量较小，尚未造成实质性危害后果，可以进行合规考察监督并参考考察情况依法决定是否适用不起诉。同时经调查，L 公司系省级高科技民营企业，年均纳税 400 余万元、企业员工 90 余名、拥有专利 20 余件，部分产品突破国外垄断。如果公司及其主要经营管理人员被判刑，对国内相关技术领域将造成较大

影响。有鉴于此，2020 年 10 月，检察机关向 L 公司送达《企业刑事合规告知书》……L 公司聘请律师对合规建设进行初评，全面排查企业合规风险，制定详细合规计划，检察机关委托税务、生态环境、应急管理等部门对合规计划进行专业评估。L 公司每月向检察机关书面汇报合规计划实施情况。2020 年 12 月，组建以生态环境部门专业人员为组长的评估小组，对 L 公司整改情况及合规建设情况进行评估，经评估合格，通过合规考察。同月，检察机关邀请人民监督员、相关行政主管部门、工商联等各界代表，召开公开听证会，参会人员一致建议对 L 公司作不起诉处理。检察机关经审查认为，符合刑事诉讼法相关规定，当场公开宣告不起诉决定，并依法向生态环境部门提出对该公司给予行政处罚的检察意见。2021 年 3 月，苏州市生态环境局根据《水污染防治法》有关规定，对 L 公司作出行政处罚决定。

通过开展合规建设，L 公司实现了快速转型发展，逐步建立起完备的生产经营、财务管理、合规内部控制的管理体系，改变了野蛮粗放的发展运营模式，企业家和员工的社会责任感明显提高，企业抵御和防控经济风险的能力得到进一步增强。

【案例 7-8】 山东潍坊 × 公司、张某某污染环境案
（源自最高人民检察院发布《涉案企业合规典型案例（第四批）》）

基本案情：山东潍坊 × 公司系中外合资企业，是中国溴系阻燃剂产能最大的企业之一。犯罪嫌疑人张某某系该公司副总经理、生产经理。2020 年 5 月，张某某雇用人员在厂区土地挖掘沟渠后填埋 × 公司在生产过程中产生的溴系阻燃剂落地料 4.8 吨。经山东省环境保护领域专业司法鉴定中心认定，上述倾倒特征物为危险废物。× 公司违反国家规定，非法填埋危险废物 4.8 吨，涉嫌污染环境犯罪，张某某系 × 公司直接负责的主管人员，应予追究刑事责任。案发后，张

某某被依法传唤到案，如实供述了犯罪事实。2021 年 8 月 5 日，公安机关以 × 公司、张某某涉嫌污染环境罪移送潍坊市滨海经济技术开发区检察院（以下简称滨海经开区检察院）审查起诉。2021 年 10 月，当地生态环境部门委托专业机构进行了生态环境损害鉴定评估工作。经评估，× 公司在厂区土地挖掘沟渠非法填埋危险废物的行为，导致沟渠内的土壤被污染，案发后该部分被污染土壤已经被全部挖掘，用于计算溴系阻燃剂落地料的数量。经检测，除被污染土壤外，周围土壤环境质量未受到本次事件的损害，无须作生态环境损害修复，遂要求 × 公司支付土壤环境监测、现场调查、环境损害评估等费用共计 8 万元。

企业合规整改情况及效果：

一是深入合资企业实地调查，审查启动企业合规考察。滨海经开区检察院经审查发现 × 公司、张某某非法处置危险废物 4.8 吨，构成污染环境罪，其中张某某作为负责生产经营的副总经理，决定实施倾倒废物的行为，代表了单位意志且单位从倾倒废物行为中获益，× 公司单位犯罪成立。× 公司与张某某均认罪认罚，犯罪嫌疑人张某某犯罪情节相对轻微，刑期为一年以下有期徒刑，并处罚金，可适用缓刑。审查起诉期间，检察办案人员先后多次前往 × 公司实地调查，了解到 × 公司是中国溴系阻燃剂产能最大的企业之一……如果对 × 公司进行刑事处罚，将在全球范围对 × 公司造成重大负面影响……考虑到 × 公司的产品主要以出口为主，失去众多国际订单，将严重影响企业的融资及生产运营的能力，进而可能导致企业大规模裁员。另发现 × 公司虽然设立了各种制度，但仍然存在生态环保制度不健全、生态环境观念欠缺、操作规程执行不到位等问题。在确认 × 公司已与当地政府达成赔偿协议，支付相关费用且将非法填埋物妥善处置，非法倾倒危险废物的行为对生态环境质量未造成重大影响的情况下，滨海经开区检察院经初步审查认定该公司符合企业合规适用条件，遂层报山东省检察院审批。2022 年 4 月 12 日，山东省检察院同意对 × 公司启动涉案企业合规考察。

二是上下级检察机关联动，积极适用第三方机制。潍坊市检察院从全市专业人员名录库中分类随机抽取 5 名人员（市生态环境局、市应急管理局、市税务局各 1 人，律师 2 人）组建了第三方组织。在合规考察期间，两级检察院积极会同第三方组织成员多次到 × 公司实地考察，查看危险废物非法填埋现场及处置方式，认真研判 × 公司合规领域的薄弱环节和突出问题，督促 × 公司制定整改方案。× 公司成立专项合规建设领导小组，主动聘用外部专家及外部合规顾问（包括国家级、省级及世界银行专家库的环境专家）协助合规整改，重点对安全生产环节、危险废物处置环节进行了检查整改，建立了环境安全合规管理体系，同时新设两处危险废物仓库，新购置上框压滤系统用以减少落地物产生。考察期间，× 公司补充制定了共计 3200 多页的修订制度目录、证据清单等专项合规整改材料，同时报送检察机关与第三方组织，并根据双方提出的意见对合规整改方案进行了补充完善。× 公司还建立了合规风险发现、举报、监控及处理机制、合规绩效评价机制，推进考核与追责，并先后对企业人员开展 12 次全员合规培训、30 多次专项合规培训，投资建立国际先进的"Go Arc"技术管理系统，企业合规文化得以重塑和深化普及。

三是通过听取汇报、现场验收、公开听证等方式，对监督考察结果的客观性进行充分评估论证。滨海经开区检察院经过对 × 公司制定的合规计划、整改方案，第三方组织制定的评估方案、评估指标体系、阶段性考察报告、合规整改考察评估报告等进行全面审查，对整改情况进行实地调查核实，认可企业合规整改合格。2022 年 7 月 28 日，滨海经开区检察院组织人民监督员、第三方组织成员、公安机关侦查人员、生态环境部门工作人员进行公开听证，一致认为，× 公司已经全面、有效完成了合规整改，并形成了长效合规管理机制，企业经营状况大为改观，同意检察机关作不起诉处理。2022 年 8 月 5 日，滨海经开区检察院对 × 公司、张某某作出不起诉决定并公开宣告。同时，滨海经开区检察院提出检察意见，对于办案中发现的涉行政处罚的事由，建议区生态环境局结合 × 公司已经进行企业合规整改的具体情况从宽处罚。

【案例 7-9】 随州市 Z 公司康某某等人重大责任事故案（源自最高人民检察院发布《涉案企业合规典型案例（第二批）》）

基本案情：湖北省随州市 Z 有限公司（以下简称 Z 公司）系当地重点引进的外资在华食品加工企业，康某某、周某某、朱某某分别系该公司行政总监、安环部责任人、行政部负责人。2020 年 4 月 15 日，Z 公司与随州市高新区某保洁经营部法定代表人曹某某签订污水沟清理协议，将食品厂洗衣房至污水站下水道、污水沟内垃圾、污泥的清理工作交由曹某某承包。2020 年 4 月 23 日，曹某某与其同事刘某某违规进入未将盖板挖开的污水沟内作业时，有硫化氢等有毒气体溢出，导致二人与前来救助的吴某某先后中毒身亡。随州市政府事故调查组经调查后认定该事故为一起生产安全责任事故。曹某某作为清污工程的承包方，不具备有限空间作业的安全生产条件，在未为作业人员配备应急救援装备及物资，未对作业人员进行安全培训的情况下，违规从事污水沟清淤作业，导致事故发生，对事故负有直接责任。康某某、周某某、朱某某作为 Z 公司分管和负责安全生产的责任人，在与曹某某签订合同以及曹某某实施清污工程期间把关不严，未认真履行相关工作职责，未及时发现事故隐患，导致发生较大生产安全事故。案发后，康某某、周某某、朱某某先后被公安机关采取取保候审措施，Z 公司分别对曹某某等三人的家属进行赔偿，并取得了家属谅解。2021 年 1 月 22 日，随州市公安局曾都区分局以康某某、周某某、朱某某涉嫌重大责任事故罪移送随州市曾都区检察院审查起诉。

企业合规整改情况及效果：

一是审查启动企业合规考察。曾都区检察院经审查认为，康某某等人涉嫌重大责任事故罪，属于企业人员在生产经营履职过程中的过失犯罪，同时反映出涉案企业存在安全生产管理制度不健全、操作规程执行不到位等问题。事故报告认定被害人曹某某对事故负有直接责任，结合三名犯罪嫌疑人的相应管理职责，应当属于次要责任。三人认罪认罚，有自首情节，依法可以从宽、减轻处罚。Z 公司系外资在华企业，是当地引进的重点企业，每年依法纳税，并解决 2500 余人的就业问题，对当地经济助力很大。且 Z 公司所属集团正在积极准备上市，如果公司管理人员被判刑，将对公司发展造成较大影响。2021 年 5 月，检察机关征询 Z 公司意见后，Z 公司提交了开展企业合规整改的申请书、书面合规承诺以及企业经营状况、纳税就业、社会贡献度等证明材料，检察机关经审查对 Z 公司作出合规考察决定。

二是精心组织第三方监督评估。检察机关委托当地应急管理局、市场监督管理局、工商联等第三方监督评估机制管委会成员单位以及安全生产协会，共同组成了第三方组织。第三方组织指导涉案企业结合事故调查报告和整改要求，按照合规管理体系的标准格式制定、完善合规计划；建立以法定代表人为负责人、企业部门全覆盖的合规组织架构；健全企业经营管理需接受合规审查和评估的审查监督、风险预警机制；完善安全生产管理制度和定期检查排查机制，从制度上预防安全事故再发生，初步形成安全生产领域"合规模板"。Z 公司在合规监管过程中积极整改并向第三方组织书面汇报合规计划实施情况。2021 年 8 月，第三方组织对 Z 公司合规整改及合规建设情况进行评估，并报第三方机制管委会审核，Z 公司通过企业合规考察。

三是公开听证，依法作出不起诉决定。检察机关在收到评估报告和审核意见后组织召开公开听证会，邀请省人大代表、省政协委员、人民监督员、公安机关和行政监管部门代表、工商联代表以及第三方组织代表参加听证，参会人员一致同意检察机关对康某某等三人作出不起诉处理。2021 年 8 月 24 日，检察机关依法对康某某、周某某、朱某某作出不起诉决定。

Z 公司通过开展合规建设，逐步建立起完备的生产经营、安全防范、合规内控的管理体系，企业管理人员和员工的安全生产意识和责任感明显增强，生产效益得到进一步提升。

涉企危害生产安全犯罪具有不同于涉企经济犯罪、职务犯罪的特点，该犯罪主观上存在重大过失，但不是故意犯罪。加强全员安全生产意识、培训学习是首要合规事项。强化安全生产监督员职责，规范生产安全操作规程，加强施工承包方安全资质审查，配备生产作业防护设备，配备应急救援物资，提高安全生产隐患排查和事故防范能力，聘请安防专家对企业人员进行专项安全教育培训并考试考核，提升监督评估专业性，确保涉案企业真整改、真合规，切实防止边整改、边违规。

5. 生产技术部门职责及建立内部控制机制

安全操作规程是企业贯彻执行法律法规、规章制度、标准的具体体现，与《中华人民共和国安全生产法》同样具有法律效力。同时，安全操作规程是规范生产工人安全行为的最基本标准。建立健全合理、切实可行的岗位安全操作规程，有利于控制人为因素造成的各类安全生产事故。企业安全生产是企业对员工履行的责任，也是企业对社会履行的责任。为保证安全生产，企业全体员工需要遵守安全生产总则和本岗位工种安全技术操作规程。

安全生产总则包括：认真执行国家有关劳动安全法律法规、规定及本企业各项安全生产规章制度；新员工、调换工种员工、实习员工、临时参加生产人员都必须经过安全教育和操作技术培训，经考试合格后在师傅的指导下进行操作；电气、起重、焊接、压力容器、车辆驾驶等特种作业人员，必须持证操作；操作工必须熟悉产品性能、工艺规程及设备操作要求，会正确处理生产过程中出现的故障；操作前必须按规定正确穿戴好个人防护用品，披肩发、长辫必须罩入工作帽内，进入有可能发生物体打击的场所必须戴安全帽，不准穿戴围巾、围裙、高跟鞋、拖鞋进入生产作业场所；工作时应集中精力、坚守岗位，不准做与本职工作无关的事；上班前不准饮酒；未经批准不得开动非本工种设备；操作对人体有发生伤害危险的机械设备时，应检查安全防护装置是否齐全可靠，否则不准操作；不准随意拆卸、挪动各种安全防护装置、安全信号装置、防护围栏、警戒标志等；检修机械、电气设备时，必须断电源，挂上警示牌，合闸前要仔细检查，确认无人检查后方准合闸；生产场所应保持整齐、清洁，原材料、半成品及成品要堆放合理，安全通道畅通，废料应及时清除；高空作业人员必须系好安全带，登高用的扶梯必须坚实牢固，符合安全技术要求，并采取可靠的防滑措施；非电气作业人员严禁装修电气设备和线路；易燃、易爆等生产作业场所，严禁烟火及明火作业；禁止在产生有毒有害物质作业场所内进餐、饮水，工作时要戴好防毒口罩或防护用品；严禁攀登吊运中的物体及在吊物下通过停留；生产作业区禁止骑自行车、摩托车，不准在运转设备上跨越、传递物体和触动危险部位；严格执行交接班制度，末班下班前要切断电源、气源、熄灭火种，清理场地，中途停电要关闭电源；厂房内外配置的消防器材不准挪作他用，器材周围不得堆放其他物品妨碍取用；发生工伤事故，重大未遂事故及火灾、爆炸事故要及时启动应急救援预案进行抢救，立即报告有关领导和部门，保护好事故现场。

本岗位工种安全技术操作规程包括金属切削机械安全操作通则，钻床安全操作规程，冲床安全技术操作规程，剪板机安全操作规程，折弯机安全操作规程，维修钳工安全操作规程，油漆、喷漆安全操作规程，焊工安全通则，电气作业安全操作规程，叉车安全操作规程，行车安全操作规程，使用乙炔气瓶安全规则，使用易燃物品安全规则，使用易爆品安全规则，普通物品仓库管理安全守则，气瓶库管理工安全操作规程，手持电动工具安全操作规程，高处作业安全操作规程，装卸、搬运工安全操作规程等。

如何建立安全生产内部控制机制：第一，企业需要建立健全安全生产方面的各项规章制度，做到有章可循，在日常管理中做到有据可查，发生问题谁的责任一目了然，否则安全生产管理将一片混乱。第二，企业一把手要真正重视安全管理部门和安全管理人员，为其提供相配套的人、财、物，安全管理人员是反违章、防范事故的核心监督人员，安全管理人员的水平、能力直接决定着企业安全生产的管理状况，安全员不能处事圆通，做老好人，和稀泥，睁一只眼闭一只眼，长此以往，安全生产管理形同虚设，安全员应具备敢说、敢管、不怕得罪人的素质，只有这样，安全员才不会被其他不重视安全生产的人同化，才能起到安全生产监督管理的作用。第三，做好员工安全教育，提高员工安全生产能力，企业、车间、班组三级安全教育，共同防范安全生产风险。第四，加强安全生产检查、督查，及时排除隐患，不让设备带病运行。第五，建立安全考核制度并予以落实，宁听骂声，不听哭声，敢于向违章者出示"红牌"。上述五个方面可概括为建章立制、领导重视、安全教育、安全监督、安全考核，五个方面相辅相成，相互节制，协调配合，共同形成安全生产内部控制。

国家层面，各级政府高度重视安全生产，对各级官员玩忽职守、不履行安全生产监督管理职责，造成重大安全事故的责任追究毫不含糊。企业负责人是企业安全生产的第一责任人。加强全员安全生产教育，明确安全生产责任，建立安全生产内部控制机制，防范安全生产风险等是企业负责人的基本职责，同时完善责任追究机制，对失职、渎职行为严格追责，建立决策、执行和监督环节的终身责任追究制度。为此，企业需要培育一支德才兼备、业务精通、勇于担当的董事、监事队伍。

三、相关文书参考样式

企业各岗位责任目录

1. 董事长岗位责任 …………………………………………… 191

2. 董事岗位责任 ……………………………………………… 191

3. 外聘独立董事岗位责任 …………………………………… 192

4. 总经理岗位责任 …………………………………………… 192

5. 合规部部长岗位责任 ……………………………………… 192

6. 会计人员岗位责任 ………………………………………… 193

7. 出纳人员岗位责任 ………………………………………… 194

8. 税务专员岗位责任 ………………………………………… 195

9. 供应人员岗位责任 ………………………………………… 195

10. 生产部部长岗位责任 ……………………………………… 196

11. 技术员岗位责任 …………………………………………… 197

12. 质检员岗位责任 …………………………………………… 197

13. 仓库保管员岗位责任 ……………………………………… 197

14. 销售员岗位责任 …………………………………………… 198

15. 消防安全员岗位责任 ……………………………………… 198

各岗位具体责任如下文所示。

1. 董事长岗位责任

（1）主持、召开公司股东会、董事会等公司重大会议，督促总经理执行股东会、董事会各项经营方针、计划、决议、方案。

（2）决定公司总经理及其他高级管理人员、中层管理人员的任免。

（3）定期或不定期审阅公司财务报表、文件资料，提交董事会审批财务报告。

（4）为实现公司经营目标，定期召开年度、季度工作总结会议。

（5）代表企业对外发言。

（6）不能履职时，及时授权其他董事代为履职。

（7）履行董事岗位职责。

（8）其他法定和公司章程规定的职责。

2. 董事岗位责任

（1）负责参与拟订和审核公司经营方针、中长期发展规划、内部管理机构设置方案、年度经营计划、年度财务预决算方案。

（2）参与评价和考核经营管理层的绩效，针对存在的问题提出改进建议和要求并跟踪实施。

（3）负责在行业走势、国家政策等方面研究和分析公司所处的产业环境，为公司制定和调整经营管理目标和产业拓展提供决策依据并参与决策。

（4）参与组织实施涉及公司产业调整的收购并购、剥离出售等事宜。

（5）培育发展企业文化，营造并发展合乎道德规范，引导员工忠诚、正直和对公司、对社会负责的企业文化氛围。

（6）其他法定和公司章程规定的职责。

3. 外聘独立董事岗位责任

（1）负责参与拟订和审核公司经营方针、中长期发展规划、内部管理机构设置方案、年度经营计划、年度财务预决算方案。

（2）参与评价和考核经营管理层的绩效，针对存在的问题提出改进建议和要求。

（3）负责在行业走势、国家政策等方面研究和分析公司所处的产业环境，为公司制定和调整经营管理目标和产业拓展提供决策依据并参与决策。

（4）其他法定和公司章程规定的职责。

4. 总经理岗位责任

（1）制定公司总体战略发展规划，报董事会批准后实施。

（2）建立和健全公司管理体系，为实现公司目标，使公司各部门之间高效运转。

（3）向董事会提议任免公司中层管理人员。

（4）受董事长委托，代表公司对外签署文件、重要商务合同。

（5）受董事长委托，代表公司协商与政府各部门之间的关系，为公司营造和谐的政商关系。

（6）对预算范围内资金拥有审批权。

（7）公司合规合法经营的第一责任人、安全生产的第一责任人。

（8）推进公司合规文化建设，树立良好企业形象。

（9）公司章程赋予的其他权力。

5. 合规部部长岗位责任

（1）在总经理的领导下，负责公司合规经营相关的法律法规政策的收集，并定期汇编和清理。

（2）拟定、参与制定公司各项规章制度。

（3）依据生效的公司规章制度、法律法规，对公司各岗位履职情况进行尽职调查，发现违规违法情况及时报告。

（4）对公司各部门合规风险进行识别、评估，研究对策，监督整改。

（5）对公司各部门合同文本、对外函件、内部文件等进行合规审查，必要时，请法律顾问参与审查。

代表公司对接法律顾问的工作。

（6）对公司生产经营行为的合法合规性进行审查，重点审查知识产权、安全生产、产品质量、财税、商业贿赂等方面。

6. 会计人员岗位责任

（1）在总经理的领导下，依法依规开展公司各项财务工作，依法纳税。

（2）负责记录财务总账及各种明细账目，手续完备、数字准确、书写整洁、登记及时。

（3）负责编制、报送财务报表，负责财务预算及月、季、年终决算报表，做到数字真实、计算准确、内容完整、说明清楚。

（4）认真审核原始凭证，依法填制记账凭证，并对原始凭证、记账凭证的真实性、合法性进行审查，经确定无误后，方可交给出纳人员进行收付款。对不符合要求的原始凭证、记账凭证有权予以拒绝，并有权依法进行处理。

（5）月末做好会计凭证、账簿、表册、账物等的校对工作，分月编号，整理清楚，分类排列，以便查阅，妥善保管和存档。当年会计档案由会计人员保管，往年会计档案移交档案室保管。

（6）每月负责公司各项目成本费用的收集，认真检查成本核算数据，保证其真实、准确。按财务制度进行成本核算、利润核算、工资核算、财产资金实物核算，并确保核算结果真实、准确、规范。

（7）协助总经理编制并执行公司预算。控制财务收支不突破资金计划，费用支出不突破规定范围。严格掌握开支范围和开支标准。

（8）定期对会计工作的各项数据进行分析、检查，书面向总经理汇报财务情况，当好总经理参谋，发挥财务监督作用。

（9）严格执行国家税收征管法，依法计算应纳税款。加强财税知识学习，提高业务水平。

（10）协助出纳做好工资、奖金的发放工作。

（11）定期清理往来款项，对长期挂账的应收、应付款提出清理意见。

（12）负责掌管财务印章，严格控制银行票据的签发。

（13）保守公司商业秘密，不得向外界提供和泄露公司财会信息。

（14）审查供应部、销售部对外签订的商务合同，与合规部一起共同防范商业贿赂风险、侵害他人注册商标等知识产权法律风险。

7. 出纳人员岗位责任

（1）在总经理的领导下，依法依规开展各项财务工作。

（2）严格执行现金管理制度和结算制度。根据制度规定的费用报销和收付款审批手续，办理现金及银行结算业务。

（3）负责银行账户的日常结算，包括银行结算单据的填发、取得、核对。

（4）保管现金、存单及其他各类有价证券，并定期盘点核对，如发现涨短，及时上报处理。

（5）库存现金不得超过银行核定库存限额，超过部分及时送存银行。不得以白条充抵库存现金。

（6）不准挪用现金，不准坐收坐支。

（7）负责各项收付款业务及工资发放，做到及时、准确，不得无故延误。

（8）根据办理完毕的记账凭证，逐日逐笔登记现金日记账、银行存款日记账，并做到日清月结。

（9）根据账务处理需要，及时将在手中单据整理移交会计主管编制记账凭证。

（10）保守公司商业秘密，不得向外界提供和泄露公司财会信息。

8. 税务专员岗位责任

（1）在总经理的领导下，管理日常税收事务，协助监督、检查公司税务法规执行情况。

（2）草拟税务成本预测和分析报告。

（3）编制或审核税收报表，申报纳税。

（4）负责发票和收据的购买、使用与核销，并对其领取、存档进行登记和管理。

（5）负责税务登记办理、年检及注销，税务资料的整理和保管。

（6）搜集各类税务法规和制度，对照检查，发现问题及时整改。

（7）参加税务业务培训。

（8）协助税务主管联系和协调财政、税务部门。

（9）保守公司商业秘密。

9. 供应人员岗位责任

（1）在供应部负责人的领导下，负责公司物资供应、管理工作，满足生产对物料的需要，确保采购的物资符合生产数量、质量要求，为生产第一线服务，确保生产顺利进行。

（2）根据公司生产、技改、设备维修等方面的需求，编制各项物资供应计划，报总经理批准。计划要求做到适时、适量、适价配套、经济合理。

（3）供应物资的质量技术参数、技术要求以技术部提供的技术参数、技术要求为准。

（4）供应物资的时间以生产部提供的生产计划为准，决不能因物资供应问题影响生产计划的完成。

（5）根据经批准的供应计划，负责公司生产原材料及生产备件的采购。

（6）负责草拟采购合同并组织合同签订，合同签订前货比三家。大额合同签订前必须经总经理审查同意后方可正式签订，必要时，总经理（或委派人员）参与合同洽谈、签订工作。

（7）根据企业合规要求，在起草或参与起草的供应合同中加入反商业贿赂条款、加入预防侵害他人知识产权条款，与供应商一起共同防范相关法律风险。

（8）采购合同正式签订前，合同样本须分别送达技术部、合规部，分别接受技术条件审核、合规性审核，供应人员有义务予以配合。

供应人员须将采购合同生效版本，分别送财务部、合规部备查，共同防范公司合规法律风险。

（9）采购物资到达公司后，供应人员应及时与技术部一起对采购物资的数量、质量进行验收。验收合格后的物资交仓储部保管。

（10）当物资进入生产环节后，供应人员应主动采集产品质量信息，及时衔接财务部付款或拒付款。

10. 生产部部长岗位责任

（1）在总经理的领导下，负责按计划、按质按量生产。负责安全生产。

（2）负责编制年度、月度生产计划，报总经理批准。

组织实施已批准的生产计划，合理调配人力资源，保证生产有序进行。

（3）控制生产成本，提高工作效率。

（4）做好安全生产及现场管理工作。

（5）督促部门员工严格按照技术图纸的要求进行生产加工，督促部门员工严格按照工艺规程和岗位操作方法进行生产加工。

（6）负责生产设备的安装、调试、维修、保养等工作，并做好维修记录。

（7）配合质检部按产品质量要求进行检查。

（8）审查生产环节中使用他人注册商标的合同依据，与合规部一起共同防范侵害他人注册商标等侵害他人知识产权的法律风险。

（9）负责本部门的考勤工作及岗位培训。

11. 技术员岗位责任

（1）在技术部负责人的领导下，负责生产技术工作。

（2）基于质量管理需要，组织有关部门编写技术标准或讨论修改技术标准，报总经理办公会议批准。

（3）制定质量控制程序，配合质检员检查产品生产质量是否符合技术规范。

（4）熟悉生产作业流程，协助生产工人改善生产工艺，提高生产效率，提升产品质量。

（5）协调质检员做好产品溯源记录。

12. 质检员岗位责任

（1）在质检部负责人的领导下，履行ISO9001质量管理体系中质检员职责。

（2）对产品质量进行动态跟踪检验，保证贴有本公司标签的合格产品是在符合公司质量管理体系要求下生产的。

（3）对合格产品签发合格证；对不合格产品进行处理。

（4）负责监督供应、仓储、销售等环节的质量责任人签章，履行生产阶段的质量监督责任人签章职责，保存产品可溯源记录。

本年度内的产品可溯源记录由质检部负责保管，历年的产品可溯源记录由档案室负责保管。

13. 仓库保管员岗位责任

（1）在仓储部负责人领导下，做好产品、物资的进出库验收、记账、发放工作，进货要签认，出库有凭据，每月进行盘库，做到账账相符。

（2）掌握库存状态，做到先进先出，缺货及时申报，保证物料供应信息及时反馈。

（3）定期对库房进行清理，保持库房整洁美观，物料排放有序。

（4）保障仓库物资、产品安全，经常对仓库门窗、电源、消防器材等进行安全检查，发现隐患及时处理，严防失火、失盗等事故发生。

14. 销售员岗位责任

（1）在销售部负责人领导下，努力开拓市场，完成公司的销售目标。

（2）在销售、售后服务方面，做好与客户的和谐沟通，负责与客户的商务洽谈，代表公司对产品质量负责，促成客户二次开发。

（3）对现有销售市场和客户进行分析，发现潜在的客户，引导客户需求，尽可能达成销售目标。

（4）负责合同回款，提高回款率。

（5）重大或大额的销售合同的洽谈，由总经理（或委派人员）参与。在起草或参与起草的代工合同等销售合同中，加入反商业贿赂条款、预防侵害他人注册商标等知识产权条款，与客户一起防范企业合规法律风险。

（6）重大或大额的销售合同签订前，须将合同样本同时送达合规部审核同意。

生效的销售合同须同时送达财务部、合规部备查，接受其监督。

15. 消防安全员岗位责任

（1）在综合部负责人的领导下，做好消防安全预防工作。

（2）做好消防日、周、月巡查、检查工作，并做好记录；在节假日、重大活动前重点检查，发现隐患及时提出改进措施和采取安全防范保障措施，及时消除隐患。

（3）掌握公司区域消防器材，消防设施设备分布、配备情况，保持消防设备前畅通。

（4）配合公司做好消防培训学习，提高全员的消防安全意识，共同预防消防事故发生。

【律师点评】

笔者承办的某刑事合规案中，有一家规模近50人的工程机械制造企业，其股东在工业园区购地建立厂房，投资超过2亿元人民币，车间流水线运行近两年时间，但岗位责任制度缺失，实际控制人负责掌控企业，从决策到执行一人说了算。虽然工作效率高，执行力强，但因为没有制度约束、没有监督，所以才侵犯他人注册商标获利，企业及实际控制人都涉嫌犯罪。试想，企业权力没有得到制约，没有阻止或防范违法犯罪的"刹车"体系，这样的企业怎么能不发生"事故"。笔者帮助该企业建立了上述岗位责任，并建议该企业在实践中逐步完善。

【企业应对】

1. 企业制定岗位责任，一定要实用，不能流于形式。岗位责任从起草、制定要经过充分酝酿、讨论，听取相关责任人意见后，公布征求意见，定稿试行一段时间后，正式生效执行。切不可为应付检查而制定不切实际的岗位责任制度。

2. 各岗位责任之间要相互配合、相互制约，形成有效的内部控制机制。

第八章

第三方组织对涉案企业合规整改的验收

一、验收事项及验收前的准备工作

1. 关于验收事项

验收事项是合规计划书确定的内容。合规计划书是企业自己起草，并经第三方组织反复酝酿、指导后，最终由企业确定的合规整改计划。目前，在国家层面还没有统一的涉案企业合规整改后的验收标准，在学术层面也没有统一的认识。这是因为企业类型众多，涉及不同罪名，短时间内也难以制定统一的验收标准。涉案企业合规整改验收重点围绕对涉案违法犯罪行为的整改情况、企业规章制度建立及内部控制机制在防范行政、刑事法律风险方面的有效展开。

关于涉案违法犯罪行为的整改情况是第三方组织验收的主要内容之一。以假冒注册商标犯罪为例。该类涉案企业的合规整改验收主要内容为：是否对已销售的假冒产品进行追回、销毁，是否对被害人进行赔偿并获得谅解。为此，企业需要提供产品召回并销毁的凭证、现场照片，与被害人达成和解协议及赔偿款支付凭证等资料供第三方组织、检察机关验收。

涉案企业合规整改验收的另一个主要内容是关于企业规章制度建立及内部控制机制的有效运转情况，为此，企业需要提供包括岗位责任在内的知识产权法律风险防范制度、安全生产法律风险防范制度、财税法律风险防范制度、商业贿赂法律风险防范制度、产品质量法律风险防范等制度，需要提交企业管理层重视合规建设、设立合规委员会、组建合规部或设立合规师并提供人力资源和经费保障情况的证据，需要提供设立相互配合又相互制约的不相容岗位建设情况的证据。制度建设方面可按一般性合规制度建设和专项合规制度建设两个方面验收。

首先是一般性合规制度建设验收：

企业管理规章制度。包括各岗位责任在内的企业管理制度是否建立，特别是不相容岗位责任制度是否做到既相互配合又相互制约。

风险控制机制。合规的目的是对风险进行管控，企业在经营方案、决策、计划、执行各环节是否具备风险识别、评估、有效控制。

合规培训及考核机制。企业合规理念一定要有效传递给全体员工，并成为员工的行为准则，这也是合规文化建设的一部分内容。

合规奖惩机制。奖励合规、惩罚违规，赏罚分明，合规是否与员工绩效挂钩，这涉及全员是否拥有合规激情，合规机制能否有效运转。

举报与调查机制。违法犯罪举报制度是风险控制的信息来源，可帮助企业早期识别风险，同时，调查制度可对举报情况展开调查、核实，也为风险防控和责任追究收集证据。

合规审查监督机制。针对企业规章制度执行情况、重大事项决策情况，企业是否建立了审查监督部门，是否赋予其相应职权，这也是风险控制的重要防线。

设立相对独立的合规部门。企业管理层参与合规的重视程度，可以从合规机构设立、经费保障等方面进行审查。企业根据规模大小可以设立合规委员会、合规部或合规专员，并保障其独立性、权威性，让合规部门在风险控制中发挥节制作用，有能力履职，从而避免管理层为追求利益而形式上合规，缺乏实质性的合规整改。

其次是专项合规制度建设验收：

重点审查涉案罪名或高风险罪名的风险控制机制。例如，假冒注册商标罪需要重点审查企业在使用他人注册商标时的风险识别、合规部或首席合规师监督参与情况、涉及注册商标从决策到执行的内部控制机制实际运转情况，这是在前述一般性合规制度建设基础上针对涉案具体罪名而进行的重点审查，由面到点，审查企业对涉嫌罪名或高风险罪名风险控制机制的有效性验收。

关于验收事项，表 8-1[①] 可以供合规验收各方参考。

---

① 笔者参照北京大成（上海）律师事务所杨俊律师制作的企业合规有效性评估内容及评分标准制作了表 8-1。

表 8-1　企业合规整改有效性的评估内容及评分标准

评估内容	评估阶段	评估要素	分值	评分标准	评分结果
一般性合规制度建设情况	设计有效性	1. 规章制度建立情况			
		2. 风控机制			
		3. 合规培训与考核			
		4. 合规奖惩制度			
		5. 举报与调查机制			
		6. 合规审查与监督			
	执行有效性	1. 企业高层承诺、参与情况			
		2. 合规部门或合规专员履职情况			
		3. 内控机制运转情况			
专项合规制度建设（以发票类犯罪为例）	找出发票类犯罪的刑事风险点	发票类犯罪风险清单			
	识别企业税务管理不规范之处	企业税务管理自查报告			
	落实企业税务专项合规	1. 税务合规管理制度			
		2. 税务合规行为准则			
		3. 税务合规培训与考核			
		4. 税务领域重点监测			

2. 验收前的准备工作

《〈关于建立涉案企业合规第三方监督评估机制的指导意见（试行）〉实施细则》规定，第三方组织的"监督、评估方法应当紧密联系企业涉嫌犯罪有关情况，包括但不限于以下方法：（一）观察、访谈、文本审阅、问卷调查、知识测试；（二）对涉案企业的相关业务与管理事项，结合业务发生频率、重要性及合规风险高低进行抽样检查；（三）对涉案企业的相关业务处理流程，结合相关原始文件、业务处理踪迹、操作管理流程等进行穿透式检查;(四)对涉案企业的相关系统及数据,结合交易数据、业务凭证、工作记录以及权限、参数设置等进行比对检查"。

基于上述规定,企业应当准备接受第三方组织的访谈,准备相关原始文件供审阅,准备涉案事项、内部控制机制接受其穿透式检查。

(1)企业需要整理的书面资料包括:合规计划书实施情况的证明资料,包括修改公司章程及工商备案资料、设立合规机构的文件、完善企业管理制度及岗位责任文件、全员培训学习课件及现场照片、合规学习及考核资料、企业高层合规承诺书及其参与合规整改的工作记录,包括合规奖惩在内的绩效考核制度、与相关行政机关进行工作对接的工作记录,如涉及假冒他人注册商标罪还需要产品召回或销毁的凭证等,以方便第三方组织对企业合规计划书实施情况进行审查、评估。这些资料需要整理成册,分别提交第三方组织和承办案件的检察机关。

(2)企业现场准备的工作包括:场地卫生整洁,安排专人接待、讲解企业合规整改及落实合规计划书的情况,准备现场解答第三方组织的提问。实践中由企业委派的代表与律师共同负责现场接待工作,其中企业代表负责涉及安全生产、产品质量、内部控制流程、风险防控特别是涉案行为整改等方面的工作介绍,律师负责涉及制度建设和法律方面的工作介绍。

第三方组织对涉案企业合规的考察验收情况是检察机关是否起诉的核心内容。能否通过合规考察、能否获得不起诉处理是企业"生死攸关"的大事,企业管理层应当高度重视。

二、涉案企业在现场验收中的注意事项

《〈关于建立涉案企业合规第三方监督评估机制的指导意见(试行)〉实施

细则》规定，第三方组织负责对涉案企业的合规承诺及其完成情况进行调查、评估、监督和考察。涉案企业合规整改过程中，应当接受、配合第三方组织工作，不得忽悠搞纸面合规这类形式上的合规，而需要实质性合规，关于第三方组织现场验收，企业需要注意如下事项：

在前述验收准备工作基本完成后，企业需要委派代表及时与第三方组织商请现场验收的时间，因第三方组织是临时性组织，专家现场验收时间需要提前预约，了解专家参会人数。

现场验收时，企业应当委派代表全面介绍合规整改实施过程、提交合规整改的各阶段性成果报告，为每位专家准备一份，提高现场验收效率。

企业管理层应尽量全体参与，特别是企业实际控制人、财务、安全生产、合规机构负责人、律师必须参与。一般情况下，第三方组织的全体专家都会参与，这些专家包括法律专业人士、行业主管部门专家、市场监督行政管理部门负责人、财会专业人士等。在验收会上，针对专家提出的合规整改问题，需要企业对应的部门负责人及时回答。回答提问时必须直击焦点问题，不可闪烁其词，否则将埋下验收不合格的隐患。

三、相关文书参考样式

下文将以笔者承办的某刑事合规案例相关文书进行。

湖南 W 有限公司
合规计划书

二〇二一年九月

目　录①

前言……………………………………………………………………211

第一章　合规可行性分析……………………………………………211

　　第一节　案件概述………………………………………………211

　　　　一、公司简介………………………………………………211

　　　　二、案情概况………………………………………………213

　　　　三、企业合规可行性………………………………………213

　　第二节　风险点分析……………………………………………213

　　　　一、企业侵犯知识产权法律风险分析……………………214

　　　　二、安全生产法律风险……………………………………214

　　　　三、产品质量法律风险……………………………………214

　　　　四、商业贿赂法律风险……………………………………215

　　　　五、财税法律风险…………………………………………215

　　　　六、其他法律风险…………………………………………216

　　第三节　企业合规承诺…………………………………………216

第二章　合规整改方案………………………………………………217

　　第一节　合规组织体系搭建……………………………………217

　　　　一、完善公司治理架构……………………………………217

　　　　二、完善监事制度，衔接企业合规……………………218

　　第二节　建立风险防范制度……………………………………218

　　　　一、侵犯知识产权法律风险防范的制度…………………218

　　　　二、安全生产法律风险防范的制度………………………219

---

① 正常清单应具备单独的目录，本书为方便阅读，页码未重新编号。清单中的表格编号独立于全书，单据进行了编号。另须说明的是，本部分内容无相应附件（附表），读者可根据需要自行查找资料。——编者注

三、涉税法律风险防范的制度 ……………………………… 219

四、商业贿赂法律风险防范的制度 ………………………… 219

五、产品质量法律风险防范的制度 ………………………… 219

第三节 制度执行与保障 …………………………………… 219

一、召开企业员工合规动员大会 …………………………… 219

二、全面停止违法行为并展开排查，积极补救 …………… 220

三、建立事先防范体系——分析企业风险点 ……………… 220

四、设立事中控制体系——针对性制度建设 ……………… 222

五、设立事后应对体系——执行监督检查 ………………… 223

第三章 未来发展规划 ……………………………………… 224

一、完成企业合规 …………………………………………… 224

二、展望企业未来 …………………………………………… 225

三、感恩司法温情 …………………………………………… 226

前　言

湖南 W 有限公司合规整改计划书

湖南省某市人民检察院、湖南 W 有限公司企业合规第三方监督评估组织:

湖南 Y 有限公司(以下简称 Y 公司)涉嫌假冒注册商标一案,由 Y 公司提交企业合规申请,经贵院审查并报湖南省人民检察院批准,Y 公司所涉案件符合企业合规试点以及第三方机制适用条件,贵院已商请某市涉案企业合规第三方监督评估机制(第三方组织)管委会启动第三方机制。某市涉案企业合规第三方监督评估机制管委会也已选任专业人员组成第三方组织,Y 公司对第三方组织组成人员无异议,并自愿在贵院及第三方组织的监督、检查之下开展企业合规建设。

在 Y 公司提交合规申请后,湖南 W 有限公司(以下简称我公司)兼并了 Y 公司,我公司将承担 Y 公司的民事、行政、刑事法律责任,认可 Y 公司在兼并前提交的合规申请,并将承接其全部合规整改工作,现依据企业合规改革工作要求,提交合规整改计划,请贵院及第三方组织审查。

第一章　合规可行性分析

第一节　案件概述

一、公司简介

本部分包括 Y 公司、我公司及我公司兼并 Y 公司的基本情况介绍。

1.Y 公司基本情况

2014 年,Y 公司在湖南省某市成立,注册资本 1700 万元,统一社会信用代码:×××,企业类型为有限责任公司(自然人投资或控股),公司主营业务是钢结构件制造，现有股东张甲（持股 50%）、张乙（持股 50%），实际控制人是公司法定代表人、董事长张甲。Y 公司是一家专业制造塔机标准节等零配件的代工企业，该公司长期为桂林湘桂机械有限公司、山西省诚旋工程机械有限公司、昆明景太建筑机械有限公司、徐州马巴建机工程机械有限公司等企业代工生产包括标准节在内的塔机零配件，拥有员工 110 余人，2018—2020 年近 3 年产值 1.338 亿元，近 3 年年均纳税超过 100 万元。

2. 我公司基本情况

2019 年，我公司在湖南某工业园成立，统一社会信用代码：×××，注册资本 1000 万元，企业类型为有限责任公司（自然人投资或控股），公司主营业务是钢结构件制造，现有股东湖南天堃工程机械有限公司（持股 50%）、李乙（持股 5%）、杨丁（持股 5%）、徐戊（持股 30%）、李丙（持股 10%），其中法人股湖南天堃工程机械有限公司由股东王甲（持股 95%）、张乙（持股 5%）组成。股东基本上在我公司担任高级管理人员职务。我公司在工业园购地 88 亩，总投资额达 1.4 亿元，已建成两栋厂房（一栋综合楼、一栋多层厂房），是一家集研发、生产、销售、服务于一体的塔式起重机标准节专业生产厂。我公司已完成 ISO9001 质量管理体系认证。因我公司是新设立的公司，其他规章制度尚未建立，拟借此次合规整改之机，完善相应的规章制度。

3. 我公司兼并 Y 公司情况

Y 公司合规整改需要大量资金进行技改和基础设施改造，而 Y 公司厂房是租用的村集体用地，面临征拆，易造成基础设施投资浪费。鉴于我公司与 Y 公司产品高度重合、两公司的大股东及实际控制人高度重合，经我公司股东会、Y 公司股东会讨论决定，由我公司兼并 Y 公司，在兼并清算完成后，Y 公司将注销工商登记。我公司接收 Y 公司全部设备、人员，承担 Y 公司民事债权债务，承担行政、刑事责任在内的全部法律责任，其中合规整改工作将在湖南某工业园区的我公司所在地进行。

截至本合规计划书完成之日，兼并清算工作正在进行中，清算完成后，原Y公司的厂房将用作非生产性质的其他用途，Y公司原址将不再从事任何生产经营活动。

二、案情概况

2020年11—12月间，市场低迷，为了维持工厂运转，Y公司生产了带有"YY重工""XX重工"标识的塔机标准节，涉案货值约70万元，其中约10万元已销售，其余未销售（已被查封）。2021年2月25日，某市场监督管理局扣押了未销售的涉案货物50余万元。5月11日，Y公司法定代表人张甲到公安机关投案自首，如实供述犯罪事实，随即被公安机关刑事拘留，6月15日，某市检察院批准对张甲予以逮捕。5月18日、7月20日，被害人湖南XX重工有限公司、湖南YY重工有限公司分别对Y公司及责任人张甲出具谅解书，两被害人均请求司法机关对其从轻处罚。

三、企业合规可行性

依据最高人民检察院等九部门联合颁布的《关于建立涉案企业合规第三方监督评估机制的指导意见（试行）》第4条规定，涉案企业Y公司（现为我公司）及张甲已认罪认罚，并自愿适用第三方机制监督合规整改。我公司基本业务稳定，已与中国工程机械龙头企业ZZ重工装备股份有限公司（以下简称ZZ重工）、XX重工等塔机主机厂签订了配件标准节制造的长期代工协议，并且ZZ重工的代工合同正在履行过程中。我公司的合规整改符合前述法律条件和生产经营条件，具备合规整改可行性。

第二节　风险点分析

在省、市、县三级检察机关及第三方组织的帮助下，我公司管理层对于本案进行了深刻、全面的反思，针对公司管理以及各项制度存在的漏洞及风险点进行了全面排查、分析，现就公司经营管理中的法律风险汇报如下。

一、企业侵犯知识产权法律风险分析

针对本案涉及的假冒注册商标罪这类侵犯知识产权的法律风险，结合我公司的经营状况，分析如下：

1. 采购、生产加工期间风险

采购生产加工期间风险主要包括：采购环节中对供应商提供的产品、原材料、技术未进行知识产权合法性审查，可能造成对第三方知识产权的侵权；承揽他人委托业务时，未防范商标、专利、外观设计、版权、商业秘密等知识产权侵权及犯罪风险；未意识到作为特种产品，如不能充分保障产品质量，则有造成重大事故的风险；委托他人制造时未明确规定研发得到的知识产权的归属、使用及保密，从而引起知识产权纠纷；对于上游或下游单位未明确规定知识产权归属以及保密责任，造成企业知识产权流失的风险。

2. 产品销售期间风险

在产品销售期间涉及的产品商标、包装装潢、广告语营销方案等均可能引发侵犯他人知识产权的风险。未针对以上知识产权侵权及犯罪风险进行有效管理，未建立行之有效的预警和防范机制，是企业引发侵犯知识产权风险的主要成因。

因此，企业应当加强知识产权管理、强化知识产权保护意识、建立预警和防范制度以主动防范知识产权风险。

二、安全生产法律风险

安全生产对于企业管理而言，无疑是重中之重。目前我公司在全流程的安全生产体系建设方面尚有欠缺。若因员工的不安全行为、设备设施不安全状态以及工作环境等发生安全生产事故，或对安全生产事故处理不当，均会对企业造成不利后果；如果发生安全事故，情节严重的，还可能构成刑事犯罪。

三、产品质量法律风险

无论是生产型企业还是销售型企业，也无论是生产环节还是销售环节，在企业经营中一定要注意产品质量问题，这不仅关系到企业信誉，更关系到客户利益。因此，保证产品质量、防范产品质量风险也是企业的重中之重，否则不仅有可能要承担民事赔偿责任，还有可能面临行政处罚，情节严重的，有可能构成刑事犯罪。

四、商业贿赂法律风险

企业在生产经营过程中，特别是在采购、销售环节，容易发生商业贿赂违法犯罪的情况。这种情况将严重妨害社会公平竞争，妨害市场交易秩序。为堵塞这一漏洞，我公司将借合规整改之机，健全企业供应部、销售部与合规部、财务部的合同信息共享机构，完善法人治理机制，防范商业贿赂法律风险。

五、财税法律风险

按照《中华人民共和国会计法》和《中华人民共和国税收征收管理法》的相关规定，企业应当设置会计账簿，否则将面临罚款。

《中华人民共和国会计法》第四十二条　违反本法规定，有下列行为之一的，由县级以上人民政府财政部门责令限期改正，可以对单位并处三千元以上五万元以下的罚款；对其直接负责的主管人员和其他直接责任人员，可以处二千元以上二万元以下的罚款；属于国家工作人员的，还应当由其所在单位或者有关单位依法给予行政处分：（一）不依法设置会计账簿的……

《中华人民共和国税收征收管理法实施细则》第二十二条　从事生产、经营的纳税人应当自领取营业执照或者发生纳税义务之日起 15 日内，按照国家有关规定设置账簿。前款所称账簿，是指总账、明细账、日记账以及其他辅助性账簿……

《中华人民共和国税收征收管理法》第六十条　纳税人有下列行为之一的，由税务机关责令限期改正，可以处二千元以下的罚款；情节严重的，处二千元以上一万元以下的罚款：（一）未按照规定的期限申报办理税务登记、变更或者注销登记的；（二）未按照规定设置、保管账簿或者保管记账凭证和有关资料的……

企业作为纳税人、扣缴义务人，在履行纳税义务、扣缴税款义务的过程中，由于自身存在的对税收政策的理解、适用偏差和实际操作的行为偏差，可能导致企业承担法律责任的不利后果。企业税务法律风险始终伴随着企业从设立登记一直到注销的整个过程。企业的税务风险包括违反税务管理的法律风险、违反纳税义务的法律风险以及违反发票管理与使用的法律风险等。

六、其他法律风险

企业生产经营过程中，还存在金融、公司管理秩序、市场秩序方面的法律风险。

对于上述风险，我公司将通过建立内部控制制度、完善规章制度、全员学习教育等管理手段，做好事前预防、事中落实、事后监督等各项工作，力争对各项法律风险可防可控。

第三节　企业合规承诺

我公司自愿开展企业合规建设，同时承诺：

一、建立和完善企业合规体系，接受第三方监督评估组织的调查、评估、监督和考察。

二、停止一切违法行为，对已销售涉案产品进行全面摸排并开展召回工作，承担相应赔偿责任，接受行政处罚。

三、对犯罪原因进行全面反思，全面查找企业管理层面的漏洞，防止违法犯罪行为的发生。

四、发动全体员工参与合规工作，树立合规意识，依靠全体员工落实合规整改工作。

五、按照合规计划切实组织实施，确保合规建设的成效。

六、按要求定期出具书面自查报告，报送检察机关及第三方监督评估组织。

七、按要求及时提供有关合规资料，积极配合第三方监督评估组织的调查、评估、监督和考核，并根据第三方监督评估组织提出的意见建议进行对照整改。

八、依法合规经营，及时发现、制止企业、员工可能存在的违法犯罪行为，对企业或员工违法违规或者违反承诺书约定义务的情况，及时向检察机关报告。

九、如在考察期内违反法律法规规定或本承诺书事项，自愿承担相应法律后果。

十、承诺按期落实整改计划，其中第一阶段于 2021 年 10 月 6 日前（因国庆放假将提前到 9 月 30 日前）完成并提交阶段性报告；第二阶段于 2021 年 11 月 6 日前完成整改工作并于 2021 年 10 月 30 日前提交阶段性整改报告；2021 年 12 月 6 日前完成全部整改计划并提交全面整改报告。

湖南 W 有限公司（盖章）

法定代表人、高级管理人员及涉案人员签名：

二〇二一年九月六日

第二章　合规整改方案

第一节　合规组织体系搭建

一、完善公司治理架构

1. 制定《企业合规管理办法》，确立合规管理制度，详见附件一。

2. 公司新设合规部，由合规专员及外聘律师构成，专职负责公司合规管理事宜，各部门负责人同时兼任各部门的合规专员。

3. 合规专员负责监督所在部门各项操作规范是否按照规章制度执行，在出现不合规事项或风险时，及时向合规部门负责人汇报。

上述第 2 项即新设合规部的工作，从启动合规整改之日起计算，预计 10 日内完成。

二、完善监事制度，衔接企业合规

（一）增加公司章程条款

1. 股东会、董事会、监事会、经理层等公司机构依法履行职责，形成高效运转、有效制衡的监督约束机制。

2. 外聘独立董事 1 至 2 名，以保证董事会能够在重大决策、重大风险管理等方面作出独立于公司层面的判断和选择。

公司章程修改情况，详见附件二。

（二）明确公司监事的监督方式

公司监事应对公司运转的核心环节予以监督把控，如生产、安全、销售、财务等环节是否存在违法、违规行为，是否存在损害员工利益行为等。监督的方式包含定期检查财务、列席会议、提出建议、提议召开股东会以及特定情况下召集主持股东会，也包含对合规部门的工作是否尽职尽责进行监督。

召开股东会完成公司章程的上述修改，从启动合规整改之日起计算，预计 10 日内完成。

第二节　建立风险防范制度

一、侵犯知识产权法律风险防范的制度

针对此次涉嫌假冒注册商标罪，我公司将在商标印制、使用管理，产品出库核验措施，以及商业秘密保护，专利管理等方面完善制度建设。避免在原材料、半成品采购、销售、广告宣传环节上侵害他人知识产权，特别是防范委托代工中的知识产权风险。

详见附件三。

此制度落实责任到人，向全体员工宣传，将此制度落实在日常生产经营管理中。从启动合规整改之日起计算，预计 20 日内完成。

二、安全生产法律风险防范的制度

详见附件四。

此制度落实责任到人，向全体员工宣传，将此制度落实在日常生产经营管理中。从启动合规整改之日起计算，预计 20 日内完成。

三、涉税法律风险防范的制度

详见附件五。

此制度落实责任到人，财务人员持证上岗，聘请财税专业人员来公司授课，公司高级管理人员及财务人员参加听课学习，将此制度落实在日常财务管理中。从启动合规整改之日起计算，预计 30 日内完成。

四、商业贿赂法律风险防范的制度

详见附件六。

此制度落实责任到人，聘请法律顾问来公司授课，公司高级管理人员、财务人员、营销人员参加听课学习，将此制度落实在日常经营管理中。从启动合规整改之日起计算，预计 20 日内完成。

五、产品质量法律风险防范的制度

详见附件七。

我公司已完成 ISO9001 质量管理体系认证，目前该体系运转正常，其中的《质量手册》是管理产品质量的依据性文件。

此制度落实责任到人，聘请企业质量管理专业人员授课，公司高级管理人员、一线生产管理人员参加听课学习，强化此制度日常生产管理。从启动合规整改之日起计算，预计 30 日内完成。

第三节　制度执行与保障

一、召开企业员工合规动员大会

（一）针对所涉案件，开展全员警示和惩戒

由公司总经理张甲讲述案件发生经过，剖析企业涉嫌刑事犯罪的具体成因

及总结出的经验教训，形成书面反思报告。详见附件八。

（二）宣布合规治理方式，公布合规理念

1.发放员工合规手册，为员工合规工作提供指引。

合规手册详见附件九。

2.公司高级管理人员、财务人员、生产管理人员、营销人员等相关岗位，签署员工合规承诺书。详见附件十。

3.董事长（或委派董事）宣布组建企业合规部，明确合规整改重要性，合规整改是企业长远发展之必须。

以上附件九、十的工作内容，将从启动合规整改之日起计算，预计20日内完成。

二、全面停止违法行为并展开排查，积极补救

为及时纠正违法行为，全面排查风险，我公司积极采取以下措施进行纠错，防止危害扩大：

1.全面停止涉案违法行为，赔偿被害单位损失并取得谅解。

2.推进涉案产品召回工作，杜绝安全隐患。

3.聘请专业律师团队，对企业进行全面的风险评估，并制定针对性整改方案。

以上产品召回、风险评估及整改工作，将从启动合规整改之日起计算，预计60日内完成。

三、建立事先防范体系——分析企业风险点

（一）建立常态化风险防控制度，防患于未然

根据相关法律法规及我公司《企业合规管理办法》，制定《合规风险防控制度》，规范公司管理层及所有员工的职业行为，严格遵守相关法律法规、行业规范、职业道德及公司的规章制度，坚决抵制因违法违规行为损害或谋取公司经济利益、为个人带来不正当利益的行为。关于合规风险防控制度，详见附件十一。

（二）建立常态化合规培训机制，为全员合规打下基础

为推进企业合规建设，制定员工培训管理制度，有针对性地开展企业员工合规管理培训。该培训分为定期全员培训和不定期专项培训。为规范员工按时参与培训，落实培训计划、签到及奖惩机制。员工培训管理制度，详见附件十二。

1.结合本单位涉嫌犯罪行为的发生环节，确立教育培训的重点人员；针对刑事法律风险库反映的情况，加大对风险程度较高岗位人员的合规教育力度。

2.做好教育培训记录。集中教育培训要有培训的全程录像和培训人员的登记簿；个别教育谈话，要有谈话记录。

（三）建立企业刑事法律风险库，强化企业风险预警及评估

建立刑事法律风险库制度，是一项重要的基础工作，需要开展下列工作：

其一，围绕本单位被指控的具体罪名和其他相关罪名，通过自查和请第三方监督评估组织检查的方式确定存在的风险事项。从原材料采购、生产加工、售后服务各个环节对可能存在的风险，特别是知识产权侵权方面的风险进行审查，对应风险点的全面梳理进行分析、评估和风险分级评定，建立本单位刑事法律风险库，根据风险点制定针对性的防范措施。

其二，根据公司经营、外部监管政策和环境的变化，定期更新刑事法律风险库，详见附件十三。

建立刑事法律风险库，从启动合规整改之日起计算，预计30日内完成。

（四）对接市场监管机关，完善风险防范和监督

主动与当地市场监管机关进行对接，接受监督；定期汇报企业经营管理状况，学习、掌握国家法律法规及技术规范，执行监管文件和政策要求，落实依法经营、防范风险的企业主体责任。

四、设立事中控制体系——针对性制度建设

（一）全流程合规把控，完善规章制度

1. 安全生产，全程把控

针对企业开展的每一项生产业务，在从原材料采购、生产加工、质量控制及售后服务的每一个环节，完善全流程的制度化建设及内控审查，全程合规把关。

目前，我公司已经完成 ISO9001 质量管理体系认证，将在合规整改中进一步落实，确保产品质量关。该认证证书，详见附件十四。

对公司业务进行全面梳理，规范各环节的管理控制程序，严把质量关。对公司质量手册、程序文件、作业文件及记录、相关管理规章制度等进行全面梳理，从原材料质量把控、过程质量控制、出厂质量控制等各环节严格把关，构建规范的质量管理体系，控制产品质量。建立公司内控工作定期体检制度，及时识别潜在风险并及时制定规避措施，防患于未然。

委托加工产品，完善溯源体系，质量责任终身制。我公司依据《产品标识和可追溯性管理规定》将在代工合同中明确在代工产品上加入编码出厂；同时，永久保存制造过程中每一环节责任人、检验人的信息，做到通过产品出厂编码可溯源制造过程各环节相关责任人。

产品溯源体系的建立，从启动合规整改之日起计算，预计 30 日内完成。

对照国家关于特种设备生产的相关法律法规，如《特种设备制造许可规则》，梳理现有的人员、设备、工艺工装等资源，做到所有作业人员按规则要求持证上岗，所有作业流程、公司生产运作按规则要求，做好合同控制、作业控制、焊接控制、检验检测控制、质量改进与服务控制等，为将来顺利取得特种设备资质创造有利条件。

2. 财税管理，建章立制

企业在合法经营过程中，财税管理不容小觑。为确保我公司在账簿设置、

财务核算、纳税申报、发票管理、财务管理、涉税合同管理等方面做到有章可循、合规操作，我公司将严格遵守国家的财务制度，健全财务账册，并制定《财务部岗位责任制》《纳税申报及发票管理制度》，明确财务岗位责任，规范发票管理、纳税申报，避免涉税法律风险。上述财务部岗位责任制、纳税申报及发票管理制度，详见附件十五。

3. 规范用章，防范风险

有效管理相关印章，确保公司权益，降低公司经营风险，促使公司内各部门印章管理工作统一化、制度化，制定《印章管理办法》，详见附件十六。

（二）建立违规检举查处制度，明确奖惩机制

1. 建立违规线索报告机制

向全体员工及社会公众公开接收举报的电话号码并设立举报信箱，要求全体员工履行掌握线索的及时报告义务，按照线索举报管理要求，做到严格保密和及时报告。

公司新成立的合规部是接收举报资料的常设机构。

2. 建立责任追究机制

企业内部制定违规处罚制度，向全体员工宣传学习，做到制定到位、学习到位、执行到位。对涉嫌违规的各种行为加大调查和追责力度，严肃处理涉嫌违规的直接责任人和间接责任人，提高合规管理的严肃性。

3. 建立合规管理考核评价机制，将合规管理纳入绩效考核

将合规管理及其效果情况作为公司组织绩效考核、员工个人绩效考核指标。同时将绩效考核结果与个人职务晋级等挂钩。对合规责任的落实情况进行考核评价，对落实责任不到位的情况进行问责。建立起"对合规工作有贡献人员受奖，对合规工作执行不力人员处罚"的机制。

五、设立事后应对体系——执行监督检查

（一）完善应急管理机制，做到事后及时处置

对于企业生产经营过程中发生的相关事故，为确保人员的生命安全以及企

业财产安全，制定《风险评估和控制管理制度》《应急管理制度》《消防安全管理制度》《事故管理制度》等，详见附件十七。

上述附件十一、十二、十五、十六、十七的内容，纳入全员培训学习、重要岗位培训学习。从启动合规整改之日起计算，预计 45 日内完成。

（二）及时启动合规内部调查，对违规员工进行处置

其一，对违规直接人员、违规责任人以及合规机制的漏洞等问题展开有针对性的调查，以便发现违规行为、识别违规责任人，并对企业内部控制机制的漏洞和缺陷进行合规体系的完善。

其二，根据内部调查结果对员工进行惩戒。对违规人员根据内部调查报告，做出解除合同关系、合规赔偿、降级等处理。

（三）及时总结合规体系漏洞，进行针对性整改，并主动披露

在对合规机制漏洞等问题展开有针对性的调查的基础上，及时总结企业合规体系的漏洞所在，并由合规部牵头对合规体系进行整改，及时披露事件报告及整改措施。

第三章　未来发展规划

检察机关的企业合规改革试点，使我公司获得重生，对于未来发展，我公司充满信心。

一、完成企业合规

发生了企业合规整改这件事后，我公司全体股东及员工均进行了全面反思，深刻意识到自身存在的法律意识淡薄、企业规章制度缺失以及生产操作不规范等问题，各项整改措施均已全面推进。我公司有信心按计划完成企业合规改造并通过第三方组织的考核。

二、展望企业未来

（一）生产制造类业务，力争行业标杆

1. 争取获得特种设备生产资质

合规整改考验期间，我公司除努力恢复生产之外，已将取得特种设备生产资质作为努力奋斗的目标之一。

2. 争取进入 YY 重工合格供应商体系

在 YY 重工、XX 重工、ZZ 重工"三巨头"中，我公司已经成为 XX 重工、ZZ 重工的塔机配件标准节的长期代工企业。通过本次整改，我公司努力向行业内优秀企业学习，不断完善生产流程、提高产品质量，争取早日进入 YY 重工的合格供应商体系，借助 YY 重工的零配件的订单，实现发展和壮大。

3. 争做湖南某工业园的标杆企业

湖南是中国最大的工程机械基地，但存在主机强、配套弱，"头重脚轻"的问题。针对这一现状，湖南某工业园提出建立湖南某专业机械配套产业园区的目标，作为园区内工程机械制造企业，我公司将借助园区支持，发展成为园区塔机标准节配件制造的标杆企业。借力 YY 重工、XX 重工、ZZ 重工等行业领头人，为崛起中的机械制造业贡献我们的力量。

（二）努力开拓创新，力争专精特新

为积极响应国家《关于促进中小企业"专精特新"发展的指导意见》以及国家对中小企业的扶持，我公司将在传统生产制造类业务的基础上，积极推动转型升级。目前，我公司已将创新升级的理念纳入了企业未来的发展之路，其中我公司与中国铁道建筑集团有限公司合作的风电项目已在实施过程中。

同时，我公司将在合规经营的基础上，重视技术创新，重视知识产权，加强外部合作，逐步提升自身的技术能力，增强公司抗风险能力。

我公司期待并且相信，在不久的将来，我公司会有自己的商标、自己的专利以及具有自主知识产权的关键核心技术和产品。在专精特新领域生根发芽。

三、感恩司法温情

一路走来，我公司深刻感受到了检察机关办理案件的细致和对民营企业的帮助和扶持。我公司将重整旗鼓，以更合规的企业管理和更高效的发展回馈社会。

请检察机关、第三方机构组织放心，我公司将服从合规监督员的监管与检察人员的监督，按照专项合规整改方案切实有效合规整改，确保合规整改获得监管部门验收。我公司将谨记此案教训，通过合规整改，切实提升经营合规性，全面履行市场主体义务，坚定不移地将公司合规经营常态化。

湖南 W 有限公司

二〇二一年九月六日

湖南 W 有限公司
合规计划书第一阶段实施情况报告

二〇二一年十月

目　　录①

合规计划书第一阶段实施情况报告·······························229

高级管理人员第一次会议记录及会议签到表·····················232

高级管理人员第一次会议现场照片（内容略）···················235

高级管理人员第二次会议记录及签到表·························235

高级管理人员第二次会议现场照片（内容略）···················237

高级管理人员第三次会议签到表·······························237

高级管理人员第四次会议签到表·······························238

全面合规需要全体员工共同努力·······························238

全员动员大会签到表（内容略）·······························241

全员动员大会现场照片（内容略）·····························241

企业反思报告···241

高级管理人员学习培训会议签到表（其一）·····················244

高级管理人员学习培训会议签到表（其二）·····················245

高级管理人员学习培训会议现场照片（内容略）·················245

---

① 正常清单应具备单独的目录，本书为方便阅读，页码未重新编号。清单中的表格编号独立于
全书，单据进行了编号。另须说明的是，本部分内容无相应附件（附表），读者可根据需要
自行查找资料。——编者注

合规计划书第一阶段实施情况报告

湖南省某市人民检察院、湖南 W 有限公司企业合规第三方监督评估组织：

2021 年 9 月 6 日，湖南 W 有限公司（以下简称我公司）向湖南省某市人民检察院和湖南 W 有限公司企业合规第三方监督评估组织（以下简称第三方组织）提交《合规计划书》。合规工作分两个阶段开展：第一阶段（时间一个月）合规整改工作围绕建立内部控制机制、完善规章制度、学习培训三方面进行，第二阶段（时间一个月）合规整改工作将围绕落实岗位责任、合规风险自查，对照合规制度主动整改，以及落实合规计划书确定的其他工作进行。

10 月 6 日，合规整改工作已经开展了一个月，根据合规计划书的工作安排，现将第一阶段实施情况报告如下。

一、建立内部控制机制

1. 成立合规部

2021 年 9 月 7 日，在我公司办公室召开合规整改工作第一次高级管理人员会议，董事长张乙、总经理张甲、生产部负责人刘甲、采购部负责人杨丙、销售部负责人习甲、质管部负责人杨丁、技术部负责人李丙、综合部负责人李乙、行政部黄乙参加会议。会议一致决定成立合规部，由董事长张乙兼任合规部负责人，各部门负责人予以协助，共同完成《合规计划书》确定的工作计划，详见会议记录及签到表（附件 1）。

2. 修改公司章程

2021 年 9 月 22 日，在我公司办公室召开全体股东大会，一致同意将公司章程作如下修改：

（1）增加第 16 条第 2 款：公司股东会、董事会、监事会、经理层等公司机构依法履行职责，形成高效运转、有效制衡的监督约束机制。

（2）第 22 条第 1 款修改为：董事会成员为 7 人。

（3）第 22 条增加第 2 款：公司可以外聘独立董事 1 至 2 名，帮助董事会在重大决策、重大风险管理等方面作出独立于公司层面的判断和选择（详见附件2）。

我公司虽有股东5人，但大股东控股达50%，以致公司重大事项决策权基本由大股东行使。原公司董事人数为3人，不利于发挥管理层集体智慧决策公司重大事务、防范合规风险。为建立公司内部控制机制，发挥公司各权力机构相互配合、相互制约，依法依规完成公司经营目标，特将公司章程作出上述修改、成立专门机构实施合规计划。

二、建章立制

2019年，我公司成立，除已完成的ISO9001产品质量管理体系制度建设外，没有其他成文的公司规章制度。2021年9月1日开始，依据合规计划书，我公司在第三方组织各位专家帮助下，已完成了以下规章制度的第3版第3次修改（定稿版本），具体如下：

（1）《企业合规管理办法》

（2）《知识产权法律风险防范制度》

（3）《安全生产法律风险防范制度》

（4）《涉税法律风险防范制度》

（5）《商业贿赂法律风险防范制度》

（6）《产品质量法律风险防范制度》

（7）《员工合规手册》

（8）《合规风险防控制度》

（9）《员工培训管理制度》

（10）《财务部岗位责任及制度》

（11）《纳税申报及发票管理制度》

（12）《印章管理办法》

（13）《风险评估和控制管理制度》

（14）《生产安全事故应急预案》

（15）《消防安全管理制度》

（16）《安全生产事故管理制度》

上述规章制度，弥补了我公司迫切需要完成的制度建设，使得公司全员合规管理有章可循，详见附件3—18。

三、培训学习

1. 召开全员动员大会

2021年9月22日，在我公司召开了合规整改全员动员大会，在岗全体员工、高级管理人员共计43人参加，董事长张乙代表企业作反思报告，律师受总经理张甲委托作全面合规需要全体员工共同努力的主题讲话（详见附件19—20）。

2. 高级管理人员培训

2021年9月30日，我公司通过外聘安全生产老师何伟、律师黄某某、罗某某，请会计专业人员周超勇等，在公司新办公楼为高级管理人员及财会人员进行了安全生产、财税、知识产权、刑事法律风险预防等方面的专业知识培训，参加人员有董事长张乙、总经理张甲、财务部王珍、生产部负责人刘甲、采购部负责人杨丙、销售部负责人习甲、质管部负责人杨丁、技术部负责人李丙、综合部负责人李乙、行政部黄乙（详见附件21）。

通过专题学习，高级管理人员明确了公司建章立制的重要性。在学习了假冒他人注册商标的案例后，与会人员发出感慨"做1个这样的标准节，付出100倍的代价都无法挽回损失"。总经理张甲深有感触地说："违法违规的代价是我们公司无法承受的。"与会人员当即形成"只有合规生产经营，公司发展才有保障"的共识。违法违规生产经营如果没有被发现，可能获得不菲利益，但从一系列的违法案例来看，行为人迟早要付出代价。

从合规计划书第一阶段完成情况来看，全体股东、高级管理人员认识到了合规的意义，已激发出了学习合规制度的积极性。

以上是合规计划书第一阶段实施情况汇报。第二阶段我公司的合规工作是深入学习并落实合规各项制度，形成良好的公司合规文化氛围，自查自纠合规风险，继续完成合规计划书的其他未完成的工作，争取早日迎接合规验收。

此致。

湖南 W 有限公司

××××年×月×日

高级管理人员第一次会议记录及会议签到表

会议记录

时间：2021 年 9 月 7 日 16：00 至 17：00

地点：湖南 W 有限公司会议室

参与人：全体股东、财会人员、高级管理人员、律师黄某某、罗某某、刘某某、曾某某（助理）

记录人：曾某某

会议议程：湖南 W 有限公司合规整改高级管理人员动员会

黄律师：大家好，今天就 W 公司的合规整改事项开会。今天开会的主要目的是成立合规部，明确组成人员，确定人员责任。今天也是公司高级管理人员合规动员大会。关于合规计划书，现在已经是我们第三版第二次向第三方组织提交，第一版第一次是我们提交给检察机关，现在第三方组织还没有就第三版合规计划书提出修改意见。律师的意见是先按这个计划书组织整改，今天听听大家的意见。我们计划书中承诺了的就要做到。比如，产品召回，这是件严肃的事情，必须落实。

当时我把计划书附件表发给董事长张乙，请他确认公司有哪些附件（规章制度），张乙董事长说除ISO9001质量管理体系认证书外，其他都没有。于是，我收集整理了16个附件制度，这些制度需要大家认真审核，因为这是需要大家落实的，比如财务人员是否知晓财会制度。因为专家组抽查将是专业财会人员来抽查，所以一定要落实到位，检察机关对此也很重视。由于合规整改是个新生事物，湖南省还只有岳阳和郴州两个工业园以及长沙在试点，我们公司是湖南省第一批合规整改的试点单位，我们要尽力促成试点工作成功，大家应该有这个信心。我通过和专家组组长沟通，确定目前我们的合规时间初步定为两个月，专家组对我们的要求是在年底前完工，要空出两个月时间给检察机关做听证等工作。我想我们争取一个月完成基本工作，今天先听听在座各位的意见。我们需要成立合规部，合规部成立后负责整个合规的协调衔接工作，比如员工培训就要通过合规部来对接。合规部作为一个职能部门，工作的开展需要各个部门的联动，各个部门的人员进行具体落实。合规部对总经理负责。

什么是企业合规，就是企业及员工的行为符合法律法规、公司规章制度，符合社会主流价值观。合规要全面，合规要实用，这次第三方监督评估组织提出五个方面的合规要求，包括知识产权、涉税、产品质量、安全生产、防商业贿赂。

大家一定要认识到企业合规是企业长足发展的必要条件，它不能创造财富，但可以保住财富。

那么怎样合规呢？需要进行体制建设、建章立制、培训学习。具体包括修改公司章程，从公司顶层架构进行机制性完善。

杨丁：黄律师，我希望您能先安排一下高级管理人员具体负责的工作，然后我们自己根据实际，初步定稿后发给您，这样可能效率会高一些。

黄律师：你说的对。与财务相关的就财务部参与，与安全生产相关的就生产部参与，与消防安全等相关的就综合部来，落实制度之后再培训学习，并签订承诺书，最后就是执行监督，结果反馈报告。这是合规工作要做的事情，我们的依据性文件就是合规计划书及其近 20 份附件。

张甲：关于分工（大家发表意见后定下），企业合规管理办法由律师和董事长负责，知识产权——总经理，公司章程——董事长，涉税——财务，商业贿赂——总经理，安全生产——刘甲/厂长，产品质量——技术/李丙，反思报告——综合部，员工合规手册——综合部，印章管理制度——董事长，员工承诺书——行政部，风险防控——质检，员工培训——综合部，附件十七（安全相关）——质检部，刑事法律风险库——采购部，财务部岗位责任、纳税——财务部。

罗律师：会后我会将附件中所需要的模板文件，通过刚组建的企业合规微信群发送给各位，由各位进行整理。确定综合部部长李乙为秘书长，以后的会议记录由李乙负责，并且进行保管。今天的会议记录由我们整理后，发送给各位。

黄律师：今天的会议到此为止。

会议签到表

时间：2021 年 9 月 22 日上午

地点：湖南 W 有限公司

主题内容：

1. 总经理张甲作企业反思报告

2. 律师作全面合规需要全体员工共同努力的讲话

会议签到表

序号	参会人员签名	所在部门	联系电话

高级管理人员第一次会议现场照片（内容略）

高级管理人员第二次会议记录及签到表

会议签到表

时间：2021 年 9 月 22 日 16：00 至 17：00

地点：湖南 W 有限公司会议室

参会人员：董事、高级管理人员、律师

会议主题：落实企业合规计划书的培训计划专题会议

记录人：罗某某律师

黄律师：通报合规进度；Y公司解散、注销事宜；专家组初次来公司指导的时间初步定在10月9日。

财务负责人王丙：Y公司账面上还有应收应付款，对外了结债权债务需要时间，近期注销工商登记存在难度。

黄律师：今天召开公司高级管理人员第二次合规会议，重点工作为计划书附件的培训落实到部门及责任人。财税培训课落实到授课老师，还有安全生产等培训也一样落实到人。产品溯源、反商业贿赂等刑事法律风险预防由律师授课。

董事长张乙：我们按照附件落实到人。

罗律师：建议落实岗位责任，将附件落实融入岗位职责中，各个部门起草部门工作流程和考核制度。

总经理张甲：综合部李乙负责起草岗位职责，财务部王丙配合，请罗某某律师落实。

罗律师：我们初步定在这周完成岗位职责起草，各个部门先内部消化，然后再衔接。

参与人员分别就会议主题交流意见。

会议结束。

与会人员签到：

序号	参会人员签名	所在部门	联系电话

高级管理人员第二次会议现场照片（内容略）

高级管理人员第三次会议签到表

时间：2021 年 10 月 20 日 15：00 至 17：00

地点：湖南 W 有限公司会议室

主题内容：

1. 总经理张甲讲话，进一步落实合规计划书第二阶段工作。

2. 落实专家组中期检查中存在的问题（对照会议记录整改）。

3. 完善公司合规部组成人员，并相应修改合规计划书。完善公司刑事法律风险库并落实责任人、监督人。落实知识产权等法律风险预警机制及责任人、监督人。将质量手册纳入合规计划书附件。

4. 总结已销售的假冒注册商标产品召回事宜。

5. 合规事宜对接政府行政部门。

6. 落实合规计划书未完成的其他工作。

与会人员签到：

序号	参会人员签名	所在部门	联系电话

高级管理人员第四次会议签到表

时间：2021 年 11 月 2 日 14：30 至 17：00

地点：湖南 W 有限公司会议室

主题内容：专家组验收前，公司全面落实合规计划书承诺事项

1. 总经理张甲、律师黄某某就主题内容发表意见。

2. 与会人员就会议主题内容进行交流、落实。

3. 与会人员签到：

序号	参会人员签名	所在部门	联系电话

全面合规需要全体员工共同努力

各位领导、员工：

大家好！

刚才董事长（或总经理）的讲话，告诫我们，企业痛定思痛后，一定要合规生产经营，不然企业承受不起第二次这样的打击。今天的合规全员动员大会，我来讲全面合规的问题。

一、什么是全面合规

全面合规也可以说是合规工作全覆盖，包括覆盖各级管理人员、全体员工，覆盖原材料供应、生产加工、质量检验、销售各环节，贯穿决策、执行、监督全流程。

这次合规工作，主要包括知识产权合规、财税合规、产品质量合规、安全生产合规、防止商业贿赂合规这几个重点。

关于知识产权方面：为了防止公司重蹈覆辙，这次合规将在销售合同的签订、生产、质检、销售几个环节进行多部门的监督。对于假冒注册商标的加工合同，销售部门将从源头拒绝，生产部门拒绝生产，全体员工发现假冒他人注册商标的产品都有权向董事会、公司新成立的合规部进行举报。公司合规部是受理员工举报的常设机构，负责受理举报、处理举报。

关于财税合规方面：财务部的会计需要持证上岗，依据《会计法》《税收征管法》等财税法律法规开展工作。总账会计做账要严格审查原始凭证的真实性、合法性，对于不真实、不合法的原始凭证有权拒绝入账；成本会计记账时要做到账账相符、账实相符。负责纳税的会计要依法纳税。为了保障会计依法工作，也为了防范企业财税风险，这次公司将制定严格的会计制度，共同防范企业财税风险。

关于产品质量方面：标准节是起重机的重要受力部件，生产过程中的焊接质量直接关系到建筑工地施工安全。这次产品质量合规，我们将从原材料采购、生产、质检、仓库保管多部门进行监管，做到每一个环节的质量检验都有据可查，每一个环节都可溯及源头，并永久保存可溯源的记录，各环节的经手人将对经手的产品质量终身负责，为此，我们将完善产品质量管理制度。

关于商业贿赂方面：公司将在销售合同中加入防止商业贿赂条款，预防相关单位、人员商业贿赂。内部的销售人员要签订预防商业贿赂承诺书，公司财务部门要拒绝支付涉嫌商业贿赂的款项。为此，公司将制定预防商业贿赂的制度。

关于公司重大决策方面：公司董事会将引进独立董事，帮助董事会能够在重大决策、重大风险管理等方面作出独立于公司层面的判断和选择；公司将发挥监事会的监督职能；公司新成立合规部，对公司生产经营的合规性进行审查，这是一个常设机构，负责协调公司其他部门的合规事宜。

二、为什么要全面合规

二三十年前，XX重工也是像我们这样的私营企业，因为它合规了，所以XX重工已经成为世界级工程机械的巨头。再看看湖南的步步高超市，因为合规经营，现在已经从原来的一个小商场发展成为湖南的百强企业。不难看出，企业合规是企业做大做强的必要条件，不合规经营的企业，做到一定程度就会倒闭。

三、全面合规我们需要做哪些工作

为了全面合规，我们需要在完善制度建设的同时，对每一名员工进行岗位培训学习。重点岗位将有针对性地培训，如公司高级管理人员要与财务人员一同进行财税培训学习，包括外聘财税专家来授课；公司高级管理人员要与生产部负责人一同进行安全生产方面的培训学习；在刑事法律风险方面，公司将聘请法律顾问来公司讲授专题课程。

前面讲了公司将建立方方面面的规章制度，而这些规章制度需要落实才能起到防范法律风险的作用，为此，公司将对员工特别是重点岗位的员工进行大量的培训学习，希望大家认真对待、认真学习。

总之，希望通过这次合规整改，企业管理水平能够发生根本性改变，让企业管理制度化，让企业生产经营在合规、合法的轨道内运行，请大家为把W公司办成湖南乃至全国的"百年老店"而共同努力。

谢谢大家！

黄某某

二〇二一年九月二十二日

全员动员大会签到表（内容略）

全员动员大会现场照片（内容略）

企业反思报告

一、案情回顾

2020 年 11—12 月间，市场低迷，为了维持工厂运转，湖南 Y 有限公司（以下简称 Y 公司）违法生产了带有"YY 重工""XX 重工"标识的塔机标准节，涉案金额约 70 万元。2021 年 2 月 25 日，该生产经营行为被某市场监管部门查获，因该案涉嫌假冒注册商标刑事案件，后被移交公安机关办理，5 月 11 日，Y 公司负责人也就是我被刑事拘留，该案进入刑事诉讼，8 月 31 日，我被取保候审，公司开始启动企业刑事合规审查。

二、涉嫌违法犯罪行为的代价

Y 公司案发后，付出代价如下。

1. 大幅度减员。2021 年 1 月工资表显示有员工 120 名，到 8 月，仅仅半年时间，员工只剩下 20 余人。

2. 生产几乎陷入瘫痪状态。公司管理层人心惶惶，无心组织生产，业务往来单位知道 Y 公司涉及刑事案件，都躲得远远的，公司没有了订单，生产几乎瘫痪。

3. 股东 7 年辛苦积累的产业到了破产的边缘。2014 年 1 月，Y 公司在湖南省某市成立，2021 年 2 月案发，经历 7 年的发展，近 3 年产值过亿元，近 3 年年均纳税超过 100 万元，因涉案行为，公司及股东多年心血积累下来的产业，几乎到了破产的边缘。

4. 给被害人造成大量损害。虽然 Y 公司赔偿了 YY 重工、XX 重工的经济损失，但给两被害人造成的间接经济损失、名誉损失仍然让 Y 公司深感内疚、不安。

三、涉嫌违法犯罪行为的原因分析

1. 企业内部监督制度缺失。此次涉案主要原因是企业权力高度集中，没有内部权力制衡机制，缺乏有效监督。我作为董事长仅有初中文化，法律意识淡薄。

2. 企业没有规章制度。涉案的次要原因是涉案企业缺乏必要的规章制度，无章可循。

3. 企业员工没有业务学习、法律知识培训。员工只知道打工赚钱，基本没有法律知识，更没有企业文化。

四、合规整改是企业长久发展的基本保障

看看我们的同行业 XX 重工，1994 年成立的一个私营企业，就是因为合规经营，只花 27 年时间，股东及员工一起把公司做成了世界级工程机械龙头企业，还有湖南本土企业大汉集团、身边的连锁超市如步步高等，这些企业因为合规经营，都已经做大做强。合规经营是企业长远战略发展之必须，合规经营是我们成长壮大的护身符。

五、把握机会，全员参与企业合规整改

什么是企业合规，简单地说，就是企业的生产经营及管理行为都要符合国家法律法规、符合公司章程及规章制度，符合国家的主流价值观。

Y 公司与 W 公司是兄弟企业，经两家企业股东会分别讨论决定，由 W 公司兼并 Y 公司，并承担其合规整改。

我作为 W 公司总经理，向大家保证，企业在痛定思痛后，决不重蹈覆辙，一定通过这次合规整改，从公司制度层面完善公司权力制衡，并相应修改公司章程，公司设立合规委员会，统筹公司现在和将来的合规整改工作。同时，完善公司规章制度，让全体员工在履职时有章可循。组织全员学习合规整改的知识，让合规制度落到实处。这些合规整改工作，企业管理层前期已做了一些，

从今天合规动员大会开始，大家都要参与。

这次合规整改的制度建设主要包括知识产权法律风险防范制度、涉税法律风险防范制度、商业贿赂法律风险防范制度、产品质量法律风险防范制度四个方面，同时涵盖消防安全、印章管理等公司基本制度。

大家知道，我们的产品涉及建筑施工安全，属于特种设备的主要受力配件。以安全生产为例，为了加强产品质量监管，公司将依据《标识和可追溯性管理规定》完善溯源体系，以月、周、日为单位，定期对原材料、工装、设备、产品展开检查，并制定可溯源记录，公司将永久保存该记录。产品质量各个环节责任到人，质量责任将终身制，就像桥梁工程师设计桥梁、建设者建造桥梁一样，我们生产的标准节产品，质量安全责任将终身制。公司希望通过制度建设让每个员工都提高产品质量意识，决不让不合格产品流入市场，以"品质成就未来"为理念，做出高品质产品，服务于社会。

这次合规整改的时间是两个月，先由我们企业自行整改，完成合规计划书承诺的整改工作。这期间，检察机关及其委派的第三方组织，还有督查第三方组织的督查人员，将不定时地来到我们公司，随时抽查、检查我们合规整改工作落实情况，被问及的人员可能是股东、公司高级管理人员及财务人员、中层管理人员、一般员工。如果员工被问及与履职有关的合规整改事项时，一无所知或答非所问，我们的合规整改工作将难以过关，不能过关的后果是，企业没有长足发展的制度保障。

作为公司总经理，我恳请全体员工一起参与合规整改工作，并达到合规整改合格，共同配合检察机关及其委托的第三方组织、督查组的检查、验收。

我们合规整改的目的是让我们的企业在发展壮大中拥有制度保障。

最后，我要感谢检察机关给予的合规整改机会，感谢第三方组织对合规整改的指导、考核，我及公司一定认真履行企业合规计划书确定的事项，吸取教训，认真反思，通过合规整改，力争对各项法律风险可防可控。请全体员工一起务力，将我们的企业管理推上一个新台阶，一起做大做强我们的企业，不负国家、社会对我们的期望。

　　谢谢大家。

张甲

二〇二一年九月二十二日

高级管理人员学习培训会议签到表（其一）

时间：2021 年 9 月 30 日 8：00 至 12：00

地点：湖南 W 有限公司会议室

主题内容：进行安全生产、财税、知识产权、刑事合规风险防范培训学习

1. 主持人董事长张乙讲话。

2. 授课老师

安全生产法律风险防范制度 由何立老师主讲（签名）

财税法律风险防范制度 由周立波老师主讲（签名）

知识产权法律风险防范制度 由罗某某律师主讲（签名）

刑事合规法律风险防范制度 由黄某某律师主讲（签名）

与会人员签到：

序号	参会人员签名	所在部门	联系电话

高级管理人员学习培训会议签到表（其二）

时间：2021 年 10 月 10 日 8：30 至 12：00

地点：湖南 W 有限公司会议室

主题内容：进行合规制度培训、落实

　　1.总经理张甲讲话，概要总结合规计划书第一阶段工作，依据合规计划书安排第二阶段的工作。

　　2.黄某某律师主讲知识产权、财税、产品质量、商业贿赂合规风险防范制度。

　　3.与会人员现场自查各部门合规风险，评估风险，商讨解决问题的对策，责任到人。

　　4.通过公司总经理、财务、生产、质检、技术、供应、销售、合规、综合等重要岗位责任制度。

　　与会人员签到：

序号	参会人员签名	所在部门	联系电话

高级管理人员学习培训会议现场照片（内容略）

湖南 W 有限公司
合规计划书第二阶段实施情况报告

二〇二一年十一月

湖南省某市人民检察院、

湖南 W 有限公司企业合规第三方监督评估组织：

2021 年 10 月 6 日，湖南 W 有限公司（以下简称我公司）向湖南省某市人民检察院和湖南 W 有限公司企业合规第三方监督评估组织（以下简称第三方组织）提交《合规计划书》及《合规计划书第一阶段实施情况报告》后，我公司随即开展第二阶段合规整改工作，第二阶段合规整改时间一个月，合规整改工作包括落实岗位责任、合规风险自查，对照合规制度主动整改，健全制度建设，以及落实合规计划书余下的合规整改工作。

11 月 2 日，我公司第二阶段合规整改工作已完成，现将此阶段合规工作实施情况报告如下。

一、进一步落实公司合规委员会职责

合规委员会由各部门负责人、外聘律师组成，设主任 1 名，主任由非大股东、非实际控制人的股东担任，可通过非股东中层管理人员的集体力量制约公司大股东或实际控制人。明确合规委员会依据《合规管理办法》履职，对董事会负责，董事会通过合规委员会的决议、决定由总经理执行，合规委员会对总经理执行合规事项进行监督。这一公司体制建设避免大股东或实际控制人出现不合规的决策问题。

二、将质量手册作为防范产品质量风险的依据性文件

我公司已通过 ISO9001 质量管理体系认证，其中的质量手册是该体系的重要内容，结合公司产品质量管理需要，采纳专家组建议，将其纳入合规计划书的附件，作为防范产品质量风险的依据性文件之一，并将合规计划书附件 14 的 ISO9001 质量管理体系证书替换为操作性更强的质量手册。质量手册人手一本，已全员发放到位。

三、落实产品召回工作

对于已售出的假冒注册商标的标准节，在第二阶段整改中，已向可以找到的客户发出《产品召回告知书》，经过与客户洽商，大部分假冒注册商标的标准节已召回公司并作退货处理，召回的假冒注册商标的标准节，占已销售假冒注册商标标准节的 85%（已售出 38 节，已收回 32 节）。对于暂时未找到的客户，公司将积极寻找以尽早召回涉案的 6 个标准节，消除假冒注册商标标准节给被害人带来的损害和施工安全隐患。

在合规整改中，我公司已全面停止假冒注册商标的违法行为，并展开排查，采取了积极补救措施。

四、完善刑事法律风险库

第一阶段整改中，已建立的刑事法律风险库包括侵犯知识产权类、经营类、安全生产类、融资类、财税类、商业贿赂类等企业常见刑事犯罪，并聘请刑事专业律师来公司为全体高级管理人员进行企业刑事风险防范为主题的法律讲座。进入第二阶段整改，我公司将完善上述各类刑事风险预防的责任部门及责任人、监督人员配置。并将已讲授的企业刑事法律风险防范的刑法条款及对应的案例纳入刑事法律风险库，收录的刑法条款以震慑犯罪行为，收集与本行业龙头 YY 重工、XX 重工有关的相关案例以警示公司高级管理人员谨慎履职。

此刑事法律风险库将随着公司人事变动而相应调整责任人、监督人，同时，合规部的外聘律师将实时更新法律法规及相关案例。该风险库可以通过电脑搜索关键词，快速了解常见罪名的刑法条款及其司法解释的量刑规定，如搜索"职务侵占罪"，可立刻找到职务侵占罪的刑法条款、司法解释的立案标准、量刑幅度、行业案例，可以最快速度警示相关责任人。我公司新履职或变更工作岗位的责任人，必须进行此类法律学习才能上岗履职，我公司将通过适时更新刑事法律风险库数据、动态人事管理共同防范刑事法律风险。

刑事法律风险库由合规部负责管理。人力资源部门任命高级管理人员或安排供应、销售等重要职位前，拟任命或安排的人员必须经法律风险预防学习并考核合格，才能被任命或安排。

我公司通过刑事法律风险学习并自查风险，目前暂未发现其他刑事法律风险点。

五、主动对接市场监督等政府行政部门

在第二阶段合规整改中，我公司已主动对接某市场监督管理行政部门，听取其对我公司合规整改的意见，并建立了良好的沟通交流渠道。企业的合规整改、发展，离不开市场监督管理部门的支持和指导、监督。

六、员工行为是否合规，纳入公司绩效考核

合规管理及其效果情况作为公司员工个人绩效考核指标。同时将绩效考核结果与个人职务晋级等挂钩。对合规责任的落实情况进行考核评价，对落实责任不到位的情况进行问责。

第二阶段合规整改中，此绩效考核正在由合规部、财务部、行政部负责落实。因绩效考核刚开始，目前在试行阶段，后续将总结经验完善合规与绩效考核挂钩的机制，通过绩效考核促进全员合规进程。

七、重点完善知识产权法律风险预警机制

1.本次合规整改源于侵犯他人注册商标，所以完善知识产权法律风险预警机制是本次合规整改的重点内容之一。根据我公司内部制约机制，首先，由供应人员、销售人员初步审查合同中商标、专利等知识产权法律风险；其次，合规部将通过共享的供销合同，对其中涉及商标、专利在内的知识产权风险，再进行一般常规性查询；最后，对于金额较大或长期代工的合同，必要时由公司委托知识产权服务机构进行商标、专利检索，以防止在生产经营中出现知识产权法律风险。

上述一线供销人员初审，合规部再审，必要时由公司委托知识产权专业机构检索的三道防线，结合公司知识产权法律风险防范制度，构成了我公司知识产权预警机制，共同预防知识产权法律风险。

2.通过第二阶段的合规整改，我公司对正在履行的重要的供销合同，特别是代工合同，分别由供销人员进行了初审、合规部进行了再审，暂没有发现知识产权刑事法律风险。

由于第二阶段整改工作内容较多，对上述合同审查没有留下审查记录，但合同审查留痕的预警机制将纳入后续实施的员工绩效考核，以促进预警机制留痕。

3. 相应修改《合规计划书》附件 3 的知识产权法律风险防范制度，将相关文字内容修改为：企业合规部门负责供销合同中商标、专利等知识产权查询，必要时委托知识产权服务机构进行检索。

八、落实专家组中期考察时指出的问题

1. 在公司制度建设中，补充完善并通过董事、独立董事岗位责任制度。

2. 焊接机器人四周设置警戒线。

3. 已落实产品质量溯源工作。

4. 已制定《废品处理办法（试行）》。

5. 基本完成了专家组提出的其他合规整改建议。

九、关于兼并清算及相关工作的说明

1. 关于清算工作。已完成部分原材料、设备的交接工作，其余清算仍在有序进行。被兼并的 Y 公司已全面停止生产经营。

2. 人员安置、补偿。我公司已接收部分 Y 公司员工，对不愿意来我公司工作的员工依法进行了经济补偿，已补偿员工 79 名，其他未达成补偿协议的员工 12 名仍在继续洽商，补偿金额约 70 万元，保障了社会稳定。

3. 我公司承诺 Y 公司的生产场地不再进行任何形式的生产经营（详见承诺书），已与第三方达成初步的场地租赁意向（租赁给不生产标准节及配件的塔机生产企业）。

十、通过合规整改，部分实现保就业、稳增长的社会效果

我公司合规整改期间，解决农民工就业 24 名，因兼并、合规整改税收增加 30%，产品质量提升，销量增长，已部分实现合规整改的社会效益（详见公司向税务机关提交的财务资料）。

综上所述，我公司合规计划书承诺的事项，通过第一阶段、第二阶段的合规整改工作已基本完成。虽然合规整改的时间只有短短两个月，但经过检察机关的宏观把控、专家组耐心细致的专业指导、律师的正确引导、公司全体员工的支持、高级管理人员的重视，全公司上下已基本形成了生产经营必须合规的经营理念，通过合规整改完成的权力制衡、制度建设将随着合规工作的动态管理进一步巩固、完善，通过合规学习形成的合规文化建设已同步形成。目前，我公司业务稳定，经济效益提升，衷心感谢国家合规制度给企业带来的新生，我公司将不遗余力地为促就业、稳增长，为国家经济发展尽绵薄之力。

此致

湖南 W 有限公司

二〇二一年十一月十五日

合规计划书第二阶段实施情况报告文件顺序

合规计划书第二阶段实施情况报告

第一部分　合规学习、整改情况

1. 高级管理人员第二次培训学习签到表

2. 第二次培训现场照片

3. 合规计划书第二阶段工作安排、企业合规风险防范制度学习及风险自查、对策、落实责任人

4. 董事会决议、岗位责任汇总

5. 高级管理人员第三次会议签到表

6. 第三次会议现场照片

7. 合规计划书第二阶段工作推进会

8. 高级管理人员第四次会议签到表

9. 第四次会议现场照片

10. 走访市场监督管理所

11. 专家组期末考核前企业工作安排

12. 企业刑事法律风险库

13. 公司刑事法律风险库相关罪名刑法条款及案例

14. 重要岗位反商业贿赂承诺书

15. 高级管理人员职务行为合规承诺书

16. 关于成立合规委员会的董事会决议，关于选举公司董事、独立董事的股东会决议

17. 标识和可溯源性管理规定

18. 绩效考核方案

19. 安全生产检查表

20. 公司保密制度

21. 公司印鉴使用登记表

22. 特种设备使用登记证

第二部分　假冒注册商标产品的召回情况

23. 产品召回告知书

24. 产品退出市场并作价补偿协议书

25. 退还货款凭证（四张）

26. 退货证明

27. 出售废品过磅单据

28. 出售废品发货单

29. 出售废品回款单

30. 出售废品税务发票

31. 召回产品被切割照片

第三部分　兼并清算及相关资料

32. 兼并清算协议书

33. 承继合规整改承诺书

34. Y 公司不再生产承诺书

35. Y 公司场地处置意向报告

36. 关于 W 公司接收 Y 公司员工、相关补偿方案及实施情况专题报告

37. 接收原材料、设备清单（第一批）

第四部分　兼并前后公司财务数据汇总

38. 2021 年 10 月 W 公司工资明细表

39. 2021 年 1 月至 8 月 Y 公司纳税申报表

40. 2021 年 1 季度至 3 季度 Y 公司财务报表

41. 2021 年 7 月至 10 月 W 公司纳税申报表

42. 2021 年 2 季度至 3 季度 W 公司财务报表

湖南 W 有限公司
合规计划书第二阶段工作安排

一、学习制度建设，同时对照公司实际情况自查合规风险，落实整改责任人，落实监督责任人。

1. 代工合同签订范本讨论

（1）关于标准节的代工合同。习甲负责。

（2）关于风电设备的代工合同、保密协议。杨丁负责。

（3）关于涉案产品的召回问题。张乙、张甲负责

2. 更改合规部负责人为杨丁。

二、董事及高级管理人员联席会议，学习并通过岗位责任制度。岗位责任

制度结合公司层面的制度，以后就是制度管人。

三、对照合规计划书及附件检查以下事项：

1. 代工合同，主要涉及商标、专利的条款是否存在法律风险问题。

2. 现场检查商标标识使用情况。

3. 安全生产制度建设，落实岗位责任人，是否存在安全隐患。

4. 财税制度建设情况，落实岗位责任人。

合规计划书第二阶段工作及计划书剩余其他工作已全部落实责任人，并限期在 10 月底前全部完成。

湖南 W 有限公司
董事会决议

时间：2021 年 10 月 10 日

地点：湖南 W 有限公司会议室

主题：公司各岗位责任制度、保密制度

经全体董事讨论决定，批准以下岗位责任制度，即日予以公布，公布之日生效：

一、董事长岗位责任

二、董事岗位责任

三、独立董事岗位责任

四、总经理岗位责任

五、合规部部长岗位责任

六、会计人员岗位责任

七、出纳人员岗位责任

八、税务专员岗位责任

九、供应人员岗位责任

十、生产部部长岗位责任

十一、技术员岗位责任

十二、质检员岗位责任

十三、仓库保管员岗位责任

十四、销售员岗位责任

十五、消防安全员岗位责任

十六、保密制度

董事长张甲（签名）_____

湖南 W 有限公司

二〇二一年十月十日

湖南 W 有限公司
合规计划书第二阶段工作推进会

各位公司高级管理人员：

在第一阶段健全完善规章制度并组织学习的基础上，第二阶段着重围绕岗位责任制度自查合规风险，主动整改，以及落实合规计划书的其余工作。

一、明确公司合规部的组成人员

针对公司合规部组成人员不够明确的问题，第二阶段整改中明确：公司新设"合规部"，合规部由合规部部长、兼职合规员、外聘律师构成。兼职合规员是各部门负责人，同时负责各部门合规管理工作。合规部负责全公司合规管理事宜。同时，合规计划书将作相应修改。

二、把质量手册作为合规计划书的附件

公司已通过 ISO9001 质量管理体系认证，质量手册是该体系的重要内容，应当作为合规计划书的附件，作为防范产品质量风险的依据性文件之一（替换附件 14）。

三、落实产品召回工作

对于假冒注册商标的产品，在第二阶段整改中，已向可以找到的客户发出《产品召回告知书》，经过与客户洽商，大部分产品已召回公司并作退货处理，召回的假冒注册商标产品，占已销售假冒注册商标产品的 85%。对于暂时未找到的客户，公司将积极寻找以尽早召回涉案产品，消除假冒注册商标产品给被害人带来的损害和施工安全隐患（落实合规计划书"全面停止违法行为并展开排查，积极补救"部分）。

四、完善刑事法律风险库

第一阶段整改中，已建立的刑事法律风险库包括侵犯知识产权类、经营类、安全生产类、融资类、财税类、商业贿赂类等企业常见刑事犯罪，并聘请刑事专业律师来公司为全体高级管理人员进行企业刑事风险防范为主题的法律讲座。第二阶段整改中，将完善上述各类刑事风险预防的责任部门及责任人、监督人员，并将已讲授的企业刑事法律风险防范的刑法条款及对应的案例纳入刑事法律风险库。收集与本行业龙头企业 YY 重工、XX 重工有关的案例以警示公司高级管理人员谨慎履职。此刑事法律风险库将随着公司人事变动而相应调整责任人，同时，合规部的外聘律师将实时更新法律法规及相关案例。该风险库通过电脑搜索关键词，如搜索"职务侵占"，可立刻找到职务侵占的刑法条款、司法解释的立案标准、量刑幅度、行业案例，可以最快速度警示相关责任人。公司新履职或变更工作岗位的责任人，必须进行此类法律学习，共同防范刑事法律风险。

五、公司主动对接市场监督等政府行政部门

对接的行政部门包括安全监督、产品质量、税务等，走访行业协会，听取

其对公司合规整改的意见，推进合规整改工作。

六、对员工合规行为纳入公司绩效考核

本周内，由综合部和财务部负责落实。

七、完善知识产权法律风险预警机制

1. 强调：公司通过供应、销售人员可以接触到包含商标、专利在内的知识产权的产品，凡是涉及知识产权的产品，由供应部或销售部会同合规部进行商标、专利查询，必要时委托知识产权服务机构进行商标、专利检索，防止在生产经营中出现知识产权法律风险。

2. 预警机制实施过程中，要求工作留痕。

3. 修改合规计划书关于商标、专利检索委托专业知识产权中介服务机构进行检索的表述，企业合规部门负责相关知识产权中商标、专利的查找，防止知识产权法律风险。

八、落实专家组中期考察时指出的问题

对照会议记录，逐一落实，整改到位。

1. 通过董事、独立董事岗位责任制度。

2. 焊接机器人旁边设置防护装置，为方便工艺流程，使用警戒线。

3. 质量溯源工作需要落实推进。

4. 由合规部制定并落实废品处理方案。

九、合规计划书其他未完成的事项继续抓紧时间完成

总之，合规整改工作将在本月底完成，专家组将在本月底，最迟下月初的一周内来公司验收，检察院的同志可能将在这段时间内不定期检查，最后一周时间，请大家抓紧落实合规计划书的剩余工作，迎接专家组的验收。

律师　黄某某

二〇二一年十月二十五日

专家组期末考核前企业工作安排

一、交流《绩效考核办法（试行）》的执行情况。

二、通过《废品处理办法》。

三、简要介绍《关于建立涉案企业合规第三方监督评估机制的指导意见（试行）》。

四、再次落实产品溯源工作。

五、关于公司违法犯罪线索举报电话公布情况。

六、通过第二阶段合规整改工作报告。

律师　黄某某

二〇二一年十一月二日

反商业贿赂承诺书

承诺人张甲向湖南 W 有限公司承诺如下。

1. 在职期间严格遵守《中华人民共和国反不正当竞争法》《关于禁止商业贿赂行为的暂行规定》《中华人民共和国刑法》等关于禁止商业贿赂行为规定，遵循守法、诚信原则，坚决拒绝商业贿赂行为。

2. 不接受任何供应商、销售商等合同相对方（包括其亲友、利益关系人，下同）给予的各种名义回扣以及其他形式私利（包括索取、收受金钱、物品、有价证券、旅游消费等，下同）。

3. 不向任何供应商、销售商等合同相对方及其经办人行贿，包括不给予各种名义的回扣以及其他形式的私利。不向具有管理本公司职能的政府机关及国家工作人员任何形式的行贿。

4. 本人将恪守以上承诺，如有违背，本人自愿接受湖南 W 有限公司依公司规章制度作出的任何处罚决定，并补偿因违背本承诺造成公司的损失。

5.此承诺书自签章之日起生效，劳动合同解除时自动失效。

本人因违背承诺造成公司损失，即使劳动合同解除，公司仍可追查。

6.此承诺书一式两份，双方各执一份。

公司（盖章）　　　　　　承诺人（签名）：＿＿＿＿＿＿＿

20××年××月××日

员工合规承诺书

本人确认已仔细阅读并理解湖南 W 有限公司《员工合规手册》全部内容，认同并愿意践行公司合规理念，履行合规义务，清楚合规要求及违反合规要求应承担的责任。

在此，本人郑重承诺：

1.遵守法律法规、行业管理规范和业务监管要求，遵守公司规章制度和《员工合规手册》，严守工作纪律，依规履职，恪尽职守。

2.遵守社会公德，维护公司品牌形象。

3.在职责范围内引导、鼓励、监督相关人员遵守和执行法律法规、公司规章制度及《员工合规手册》。

4.积极参加公司组织的合规培训，增强合规意识，传播合规文化，不断提升依规履职能力。

5.不参与任何违法违规活动，发现违反法律法规、公司规章制度及《员工合规手册》的行为，主动通过相关途径向单位举报。

本人保证严格遵守、践行以上承诺并自觉配合公司对以上事项的检查、调查，如有违反，本人愿承担一切法律责任。

承诺人：

＿＿＿＿＿＿年＿＿月＿＿日

湖南 W 有限公司董事会决议

经公司董事会研究一致决定成立公司合规委员会，委员由技术部负责人李丙、质检部负责人李乙、生产部负责人刘甲、财务部负责人黄靓、采购部负责人杨丙、销售部负责人习甲、仓管部负责人李丽、综合部负责人杨涛、杨丁共9人组成。合规委员会负责全公司合规事务，依照《企业合规管理办法（试行）》履职，对董事会负责。

任命杨丁担任合规委员会主任。

此决议送达公司各部门，即日生效。

董事长（签名）：_____

湖南 W 有限公司

2021 年 10 月 13 日

湖南 W 有限公司
股东大会决议

时间：2021 年 10 月 10 日

地点：湖南 W 有限公司会议室

主题内容：选举公司董事、聘请公司独立董事。

经股东会讨论决定，依据已修改的湖南 W 有限公司公司章程，董事人数为 7 人，现重新选举的公司董事如下：

张乙、张甲、杨丙、杨丁、李丙、王甲，任期 3 年（2021 年 10 月 10 日至 2024 年 10 月 9 日）

本公司决定聘任××××律师事务所_____律师为本公司的独立董事，

任期1年（2021年10月10日至2022年10月9日）。

股东签名：

湖南W有限公司

2021年10月10日

标识和可追溯性管理规定

一、目的

在原材料、外协件、零配件接收、生产、成品交付阶段，对每批产品进行标示和记录、识别产品的状态，确保在必要时对产品质量形成过程的追溯。

二、范围

适用于原材料到成品的产品标识和检验状态标识。

三、职责

质检部负责产品标识和状态标识的实施和控制，组织追溯。

四、程序

1. 检验状态标识，分为"合格品""不良品""报废品"。

2. 原材料由供方在外部标识物料名、供方名称、数量等信息。

3. 仓库保管员对到货的原材料、外购外协件进行数量及质量上的检查，经检验判定后的原材料放入指定区域。

4. 代工产品须到质检部领用厂家提供的编码牌，并登记领用信息。

5. 组框班组及打磨班组必须对产品编码进行记录，按要求填写记录表，每天下班后将记录表汇总给质检部进行登记。

6. 工序转序前班组工人进行自检，质检人员进行抽检，并在抛丸除锈工序后由质检人员对产品进行全检。检验完成后标记对应标识，并转入对应区域。

7."不良品""报废品"区域内的产品应在 24 小时内处置完毕，严禁滞留。

8.产品发货时开具对应产品合格证，并记录好对应编码。

9.售后服务出现质量问题需追溯时，质检部门根据产品编码进行查询，责任追究到班组／个人。

五、永久性标识规范

1.采用气动打标机制作编码信息。

2.编码一共由 12 位字符组成，第 1~2 位表示本公司名称，第 3 位表示产品类型，第 4~5 位表示生产年份，第 6~7 位表示生产月份，第 8~12 位表示生产流水号，初始流水号为"00001"。

3.字符排列均匀，涂装后字迹应清晰醒目，不影响识别。

六、本管理规定由公司质管部制定，经公司总经理批准后实施。

七、相关文件

总经理批准签字：

_____年____月____日

湖南 W 有限公司
绩效考核办法（试行）

第一条 【目的】为加强生产经营管理，激发员工积极性、主动性、创造性，提高生产效率，保证产品质量，降低制造成本，监督员工遵守《员工合规手册》《质量手册》，特制定员工绩效考核管理办法。

第二条 【范围】绩效考核适用范围是公司管理人员、生产一线计件制员工（含装卸工）。

第三条 【标准】公司管理人员在基本工资、生产一线员工在计件工资基础上增设绩效工资，管理人员每月绩效工资为600元，生产班长、装卸班长每月绩效工资为500元，生产计件员工每月绩效工资为400元。

第四条　【考核内容】员工本人当月工作完成情况（按质按量按时）、综合表现、合规手册遵守情况。

第五条　【考核方式】公司实行分级考核制度，由直接上级考核直接下级，并层报总经理办公室最终评定。

1.总经理考核公司各部门负责人；

2.各部门负责人考核所在部门的员工。

第六条　【考核标准】考核标准结合以下因素综合确定（见表1）。

表1　考核标准具体规定

考核等级	考核标准	绩效工资
A	按质按量按时全面完成当月工作任务、遵守员工合规手册、质量手册、综合表现突出	全额绩效工资
B	基本完成当月工作任务、遵守员工合规手册、质量手册、综合表现良好	50%绩效工资
C	遵守员工合规手册、综合表现合格	25%绩效工资
D	违反员工合规手册、综合表现一般	无绩效工资

第七条　【试行】本办法试行期间，遇到问题由各部门负责人及时提交合规委员会汇总，待条件成熟时，由合规委员会报董事会提交员工大会讨论通过后正式执行。

第八条　本试行办法由合规委员会制定并负责解释。

第九条　自公布之日起生效。

湖南W有限公司

二〇二一年九月三十日

保守秘密制度

第一条 为保守公司商业秘密、维护公司权益，特制定本制度。

第二条 公司商业秘密是关系公司权利或利益，依照特定程序确定在一定时间内只限一定范围的人员知悉的事项。公司商业秘密包括技术信息和经营信息。

第三条 公司各部门以及职员都有保守公司商业秘密的义务。

第四条 公司保密工作实行既确保秘密又便利工作的方针。

第五条 对保守公司秘密以及改进保密技术措施等方面成绩显著的部门或者职员实行奖励。

第六条 公司商业秘密包括下列事项：

1.技术信息：包括技术方案、设计要求、服务内容、实现方法、运作流程、技术指标、软件系统、数据库、运行环境、作业平台、测试结果、图纸、样本、模型、使用手册、技术文档、涉及技术秘密的业务函电等。

2.经营信息：（1）客户名称、客户地址及联系方式、需求信息等客户档案资料；（2）本公司的营销计划、采购资料、定价政策、进货渠道、产销策略、招投标中的标底及标书内容、项目组人员构成等具体营销资料；（3）公司职员人事档案，工资性、劳务性收入，公司费用预算，利润情况等本公司不公开的人事资料、财务资料、统计资料；（4）公司内部掌握的协议意向书及可行性报告、主要会议记录、重大决策中的秘密事项、公司内部网络上的所有信息、尚未公开的公司产品、服务或技术等其他各类能够为公司带来利益的信息。

3.其他事项：公司依照与客户达成的协议，客户明确要求公司承担保密义务的协议内容或虽然客户没有明确要求保密但泄露协议内容将会给客户带来经济损失的信息。

一般性决定、决议、通告、通知、行政管理资料等内部文件不属于保密范围。

第七条 公司秘密的密级分为绝密、机密、秘密三级。

绝密是最重要的公司秘密，泄露会使公司的权利和利益遭受特别严重的损害；

机密是重要的公司秘密，泄露会使公司的权利和利益遭到严重的损害；

秘密是一般的公司秘密，泄露会使公司的权利和利益遭受损害。

第八条　公司密级的确定：

（一）公司经营发展中直接影响公司权益的重要决策文件资料为绝密级；

（二）公司的规划财务报表、统计资料、重要会议记录、公司经营情况为机密级；

（三）公司人事档案、协议、职员工资性收入、尚未进入市场或尚未公开的各类信息为秘密级。

第九条　属于公司秘密的文件资料，应当依据本制度第七条、第八条的规定标明密级并确定保密期限，保密期限届满自行解密。

第十条　属于公司秘密的文件资料和其他物品的制作、收发、传递、使用、复制、摘抄、保存和销毁，由总经理办公室或主管副总经理委托专人执行。

采用电脑技术存取处理传递的公司秘密由电脑使用人负责保密。

第十一条　对于标有密级的文件资料和其他物品必须采取以下保密措施：

（一）未经总经理或主管副总经理批准不得复制和摘抄；

（二）收发传递和外出携带由指定人员完成并采取必要安全措施；

（三）在设备完善的保险装置中保存。

第十二条　属于公司秘密的设备或者产品的研制、使用、保存和销毁由公司指定专门部门负责执行并采用相应的保密措施。

第十三条　在对外交往与合作中，需要提供公司秘密事项的，应当事先经总经理批准。

第十四条　有公司秘密内容的会议和其他活动，主办部门应采取下列保密措施：

（一）选择具备保密条件的会议场所；

（二）根据工作需要限定参加会议人员的范围，对参加涉及密级事项会议人员予以指定；

（三）依照保密规定使用会议设备和管理会议文件；

（四）确定会议内容是否传达及传达范围。

第十五条　不准在私人交往和通信中泄露公司秘密，不准在公共场所谈论公司秘密，不准通过其他方式传递公司秘密。

第十六条　公司工作人员发现公司秘密已经泄露或者可能泄密时，应当立即采取补救措施并及时报告总经理办公室，总经理办公室接到报告应立即作出处理。

第十七条　出现下列情况之一的，给予警告并扣发工资 100 元以上 500 元以下：

（一）泄露公司秘密，尚未造成严重后果或经济损失；

（二）违反本制度第十条至第十五条规定秘密内容；

（三）已泄露公司秘密但采取了补救措施。

第十八条　出现下列情况之一的，予以辞退，并酌情赔偿公司经济损失：

（一）故意或过失泄露公司秘密，造成严重后果或重大经济损失；

（二）违反本保密制度规定，为他人窃取、刺探、收买或违章提供公司秘密；

（三）利用职权强制他人违反保密规定。

第十九条　本制度规定的泄密是指下列行为之一：

（一）使公司秘密被不应知悉者知悉；

（二）使公司秘密超出了限定的接触范围，而不能证明没有被不应知悉者知悉。

第二十条　员工在为公司履行职务时，不得擅自使用任何属于他人所有的知识产权、技术秘密或其他商业秘密。若员工违反该规定而导致公司遭受第三方的侵权指控时，员工应承担为应诉而支付的一切费用。

第二十一条　本制度由董事会负责解释和修订。

第二十二条　本制度经董事会审批后，自颁布之日起执行。

湖南 W 有限公司

二〇二一年十月十日

产品召回告知书

武甲先生：

2020 年 11 月 27 日，湖南 Y 有限公司（以下简称我单位）向贵单位（先生/女士，下同）销售了塔机用标准节，型号 6012，数量 6 节，金额 30 600 元。2020 年 12 月 23 日，我单位向贵单位销售了塔机用标准节，型号 6012，数量 6 节，金额 33 600 元。因该产品假冒 XX 重工注册商标，我公司决定召回并返还原购货款。我单位将派工作人员与贵单位协商，视实际使用情况公平确定返还金额。产品召回目的是消除违法产品给被害人造成的损失和产品对建筑安全生产带来的隐患。请贵单位收到本告知书后，配合产品召回事宜。

此致

湖南 Y 有限公司

2021 年 10 月 20 日

送达人（签名）		签收人（签名）	
送达时间		签收时间	
备注 湖南 Y 有限公司留存联			

产品退出市场并作价补偿协议书

甲方：　　　（填单位／个人　　　联系电话　　　）

乙方：湖南 Y 有限公司，联系人张甲，联系电话＿＿＿＿＿＿＿＿＿

2021 年 10 月 20 日，甲方收到乙方发来的《产品召回告知书》，甲乙双方就产品召回事宜协商后，达成如下协议。

1. 违法产品销售情况：2020 年 11 月 27 日、12 月 23 日，乙方向甲方销售假冒 XX 重工注册商标的塔机标准节共计 12 节，合计金额 64 200 元。2021 年 10 月 20 日，乙方通过《产品召回告知书》已明确向甲方表示要求召回该产品并返还货款。甲方同意 5 日内退回该产品，乙方承诺产品召回 5 日内返还货款 64 200 元。

2. 自上述金额支付后，本协议产生法律效力。

甲方（签章）　　　　　　　乙方（签章）

2021 年 10 月 20 日

关于 W 公司接收 Y 公司员工
及相关补偿方案、实施情况专题报告

湖南省某市人民检察院、湖南 W 有限公司企业合规第三方监督评估组织：

2021 年 8 月 1 日，湖南 W 有限公司（以下简称 W 公司）与湖南 Y 有限公司（以下简称 Y 公司）签订《W 公司、Y 公司兼并协议书》，依据该协议书第 5 条第 2 款第 2 项"甲方保证接收乙方工厂员工，对于因兼并而离开乙方工厂的员工，由甲方作妥善补偿"之约定，现将该条款履行情况报告如下。

一、员工接收及补偿方案

员工接收工作本着薪酬待遇不降低、员工自愿原则，愿意到W公司继续工作的，W公司全部接收；由Y公司对所有员工依据工作年限作相应补偿。接收及补偿工作至2021年10月底基本结束。

接收员工工作由W公司张乙主要负责，补偿工作由Y公司王丙主要负责，法律顾问罗某某律师予以配合协助。

二、员工接收及补偿方案实施情况

1.W公司接收Y公司员工情况

2021年9月、10月，W公司接收了Y公司25名员工，附接收名册。

2.Y公司补偿员工情况

依据《中华人民共和国劳动法》，应补偿人数为91名，截至2021年11月4日，已补偿79名（附补偿员工名册）。未补偿员工情况说明：补偿金额未商定一致，有待进一步协商。

特此报告

报告人：湖南W有限公司

报告人：湖南Y有限公司

2021年11月5日

【办案心得】

企业管理层一定要高度重视企业合规计划书的起草，并反复讨论涉及违法犯罪的整改、制度建设和通过内部控制机制有效防范法律风险的核心问题。合规计划书不能由律师大包大揽，否则，企业不能在合规整改过程中真正落实合规计划书的内容，不能被第三方组织验收合格。

【企业应对】

通过内部控制机制落实规章制度是企业有效整改的核心环节之一。本章重点讲了企业内部控制机制的建立与运行，其中任命一位合格的合规官员并保障其独立性、权威性，让合规官员有能力通过内部控制机制节制违法犯罪行为至关重要。另一个核心环节是建立企业合规文化并传递到全体员工，全员防范违法犯罪行为的发生，为此，企业需要通过聘请专家授课、讨论、考核合规文化建设，并将员工合规奖惩与工资绩效挂钩，让全员合规落到实处。

第九章

合规不起诉

一、检察机关组织听证程序

1. 涉案企业听证准备工作

涉案企业合规整改验收完成之后，依照规定，检察机关会组织听证会。如果听证会顺利通过，检察机关就会对涉案企业作出最后的决定，一般会是不起诉或者从轻处理。因此，听证程序是合规整改的最后一个环节，涉案企业必须要把听证工作做好。想做好听证工作必须能够充分理解以下几点。

（1）深化听证认识

听证在合规整改中是非常重要的一个环节，是验证企业合规整改是否成功时必须进行的程序。我国检察机关对案件听证的探索，近年来成效明显。作为听证程序的组织者，检察机关对于听证的自觉性、主动性、积极性自然不必说。涉案企业作为听证程序的对象，听证结果与其切身利益息息相关，更加需要提高听证的自觉性、主动性、积极性。对涉案企业需要加强思想引导，让其管理人员充分认识到，听证工作是最高人民检察院贯彻落实中央决策从推进国家治理体系和治理能力现代化的高度，是从解决好新时代人民群众对民主、法治、公平、正义更多需求的层面作出的重要部署，更是涉案企业做好合规整改的表现形式。针对涉案企业的检察听证制度改变了以书面审查为主的传统处理模式，主动邀请第三方加入对涉案企业的处理，是一项制度层面的创新和再完善，使得办案单位、受害人、第三方组织、国家机关工作人员都可以充分了解涉案企业的合规整改情况，它不仅是履行法律监督职责、加强社会监督和检察监督的重要抓手，也是保证办案质量、化解社会矛盾、落实司法为民、提升司法公信力的重要举措。因此，涉案企业必须将合规整改落实到位，深化对听证工作的认识，从更长远、更高站位，把听证工作作为一项重要任务加以完成。

（2）保障听证质量

组织检察听证要解决实际问题，决不能为听证而听证，搞形式主义。涉案企业必须将合规整改落实到位，深化对听证工作的认识。要结合听证目的选准听证员，做好会前沟通。听证员是听证活动的第三方，发表的意见是依法处理案件的重要参考，应邀请合适的听证员，宜邀请相关领域的专家或其主管部门人员担任听证员，对专门性问题作出解释说明，提供认定意见。

（3）听证程序要合规

听证是为了做到"兼听"，听取各方面的意见，集思广益，同时接受监督，避免"偏信"，提高决策或案件审查质量。检察听证作为涉案企业合规正当程序原则的具体化，需要符合正当法律程序的要求。程序合规，质量才有保证；程序有瑕疵，不仅影响质量，可能还会出现负面"产品"。最高人民检察院早就制定了刑事申诉案件公开审查程序规定，随后对不起诉案件、羁押必要性审查案件的听证作出规定，近两年又先后发布办案活动接受人民监督员监督、听证室设置规范、审查案件听证工作规定等系列文件，对检察听证的范围、方式、参加人、程序、座次安排等作出规定，一些地方也印发了与检察听证有关的规范性文件。这些规定必须严格执行。没有明确规定的，要遵循检察听证的特点和规律进行妥善处理。对于参加听证人员，该公开的信息要公开。对听证参与各方提出的要求或问题，要认真听取，慎重决定，妥善答复。听证意味着各方参与人、听证程序、部分案件信息应当在一定范围内公开，接受社会监督；不公布这些信息，会引发当事人和群众对听证合法性的怀疑，影响听证效果。

（4）听证人员的组成

听证人员主要是与案件相关的人员及专家，具体案件中包含公安机关的办案人员、第三方组织成员、承办检察官、政府机关人员、受害人、第三方组织代表、涉案企业、涉案企业涉嫌犯罪人员、涉案企业律师、受邀参与听证的其他专家。承办检察官作为主持人，主持整个听证程序。办案人员、政府机关人员、受害人、其他专家作为听证员参与听证，并就其关心的合规整改问题进行了解、提问，用以查明合规整改是否达标。第三方专家组负责介绍合规整改的具体情况，并就涉案企业采取的合规措施以及验收过程进行说明，同时负责解答听证员的提问，涉案企业、涉案企业涉嫌犯罪人员、涉案企业律师就整个合规案件进行说明，阐述具体的合规情况，以及涉案企业对于犯罪行为的认知。最后由听证员进行评议，决定听证是否通过。

2. 涉案企业听证注意事项

（1）准确界定听证程序中各方的职责

承办检察官介绍案件主要情况，主持听证程序，归纳需要通过听证解决的问题。主要包括涉案企业涉嫌的犯罪事实、犯罪情节、立案侦查情况、采取强制措施等，以及涉案企业申请合规整改，合规整改重点、过程，合规验收等事实，并将之前准备好的听证资料分发给各位参与听证的人员，要求各位听证参与人明确自身的职责，做好准备工作，保证顺利地将听证进行下去。

涉案企业代表作详细汇报。主要介绍涉案企业在合规整改期间的合规措施，一般表现为合规考察期间公司成立合规委员会、设立合规专员、聘请法律顾问为公司经营把关，邀请专业人员开展法治宣传和业务培训。同时，涉案企业制定多项制度，明确岗位职责，完善相关的工作流程，并规定相应的惩戒措施，分阶段开展合规建设等工作，并在各个阶段就不足之处进行整改，保障企业正常经营的同时也能够合规经营。

第三方专家组介绍合规整改监督考察情况。检察机关批准涉案企业合规整改申请后，就需要在专家库选定人员成立第三方专家组。第三方专家组成立之后基本全程参与企业的合规整改。企业的合规计划书、合规整改措施、合规整改的初步考察、第二次考察、合规整改初步验收、合规整改自查报告等，都需要经过第三方专家组，其既是合规整改的监督者、指导者，也是合规整改的参与者。第三方专家组对合规整改监督情况的介绍可以充分展示整个合规整改的过程，让各位听证员很容易全面了解涉案企业的合规整改成效。

侦查机关、受害人、政府机关工作人员、其他听证员就合规整改的相关问题进行提问。该环节主要是侦查机关、受害人、政府机关工作人员、其他听证员听取检察官、第三方专家组、涉案单位合规整改的陈述后，就其所关心的合规整改具体措施、如何防范风险再发、如何建立合规文化、合规整改效果体现等问题进行提问，检察官、第三方专家组、涉案企业需要一一回答这些问题，解决上述人员心中的疑惑，用以说明这次合规整改的措施是有效的、可行的，能够实现合规整改的目的。

（2）听证评议

合规听证的最后一个环节是听证员进行评议。评议期间各个参会的听证员就听证情况提出自己的看法，讨论涉案企业是否符合合规整改的要求。经过讨论，如果认定涉案企业符合合规整改的要求，就由听证员代表发表同意检察机关依法作出从宽处理的听证意见；如果认定涉案企业不符合合规整改的要求，听证员代表就向检察机关提出不同意作出从宽处理的意见，并说明理由，由涉案企业继续进行整改。

（3）涉案企业如何做好准备工作

案企业根据各方职责，需做好充分的准备工作，主要体现为根据检察机关需要通过听证程序解决的问题进行相应的准备，以涉案企业合规整改以来的成果应对这些问题，使得这些问题得到圆满的解答。同时合规整改必须制度化、常态化，使得企业的合规程序不是流于形式，而是真正意义上的合规，不是为了应对办案单位与检察机关而进行的。同时，涉案单位要详细了解所有的合规整改情况，以便应对听证员所有可能提出的与合规整改相关的问题。只有充分了解企业的合规整改情况才有可能解答听证员所提出的问题，其中关系到如何避免再次陷入犯罪的风险、企业内部其他风险的把控、合规制度的落地情况等关键合规措施。

二、检察机关对涉案企业作出结论的类型

根据第三方组织对涉案企业合规整改情况的报告，综合听证会各方意见，检察机关可以有两种处理方式，即作出不起诉或起诉的决定。如果合规整改是实质性的、有效的，合规整改后企业取得了良好的社会效果、法律效果，合规目的达到，检察机关将作出不起诉决定；如果合规整改仅仅是形式上的合规而缺乏实质性合规，或者没有建立有效的内部控制机制防范刑事法律风险等，检察机关将作出起诉或从宽处理。这里需要说明，涉案企业即使被第三方组织验收合格，检察机关仍然可以作出起诉决定。最高人民检察院公布《企业合规典型案例（第二批）》中"海南文昌市S公司、翁某某掩饰、隐瞒犯罪所得案"、《涉案企业合规典型案例（第三批）》中"王某某泄露内幕信息、金某某内幕交易案"，就是在第三方组织验收合格情况下，检察机关仍旧作出了起诉并建议法院从宽处理的决定。最高人民检察院公布的涉案企业合规典型案例共计20件，作出不起诉处理的18件，占90%，作出起诉处理的2件，占10％，合规不起诉处理是普遍情况，作起诉处理是特殊情况。

附检察机关作出起诉处理的相关案例

【案例 9-1】 王某某泄露内幕信息、金某某内幕交易案

［要旨］

办理民营企业高管涉证券犯罪案件，要兼顾惩罚个人犯罪和保障民营企业合法权益、激励民营企业合规建设的双重目标。积极适用第三方监督评估机制开展企业合规工作，突出检察机关在合规工作中的全流程主导作用，探索实践"检察建议宏观把控＋检察主导第三方考察＋检察听证事后监督"的企业合规路径。发挥第三方监督评估组织在引导监督涉案企业落实落细合规计划中的专业化作用，以量化式评

估验收标准助推企业合规工作取得实效。

一、基本案情

广东 K 电子科技股份有限公司（以下简称 K 公司）长期从事汽车电子产品研发制造，连续多年被列入国家重点高新技术企业，创设国家级驰名商标，取得 700 余项专利及软件著作权，2018 年开始打造占地 30 万平方米、可容纳 300 余家企业的产业园，已被认定为国家级科技企业孵化器。被告人王某某系 K 公司副总经理、董事会秘书。

2016 年 12 月，K 公司拟向深圳市 C 科技股份有限公司（以下简称 C 公司）出售全资子公司。2017 年 1 月 15 日，K 公司实际控制人卢某某与 C 公司时任总经理张某某达成合作意向。同年 2 月 9 日，双方正式签署《收购意向协议》，同日下午 C 公司向深交所进行报备，于次日开始停牌。同年 4 月 7 日，C 公司发布复牌公告，宣布与 K 公司终止资产重组。经中国证券监督管理委员会认定，上述收购事项在公开前属于内幕信息，内幕信息敏感期为 2017 年 1 月 15 日至 4 月 7 日。被告人王某某作为 K 公司董事会秘书，自动议开始知悉重组计划，参与重组事项，系内幕信息的知情人员。

2016 年 12 月和 2017 年 2 月 9 日，被告人王某某两次向其好友被告人金某某泄露重组计划和时间进程。被告人金某某获取内幕信息后，为非法获利，于 2017 年 2 月 9 日紧急筹集资金，使用本人证券账户买入 C 公司股票 8.37 万股，成交金额人民币 411 万余元，复牌后陆续卖出，金某某亏损合计人民币 50 余万元。

2021 年 8 月 10 日，北京市公安局以王某某、金某某涉嫌内幕交易罪向北京市检察院第二分院（以下简称市检二分院）移送审查起诉。审查起诉期间，市检二分院对 K 公司开展企业合规工作，合规考察结束后结合犯罪事实和企业合规整改情况对被告人提出有期徒刑二年至二年半，适用缓刑，并处罚金的量刑建议，与二被告人签署认罪认罚具结书。2021 年 12 月 30 日，市检二分院以泄露内幕信息罪、内幕交易罪分别对王某某、金某某提起公诉。2022 年 1 月 28 日，北京市第二中级人民法院作出一审判决，认可检察机关指控事实和罪名，认为检察机关开展的合规工作有利于促进企业合法守规经营，优化营商环境，可在量刑时酌情考虑，采纳市检二分院提出的量刑建议，以泄露内幕信息罪判处王某某有期徒刑二年，缓刑二年，并处罚金人民币 10 万元，以内幕交易罪判处金某某有期徒刑二年，缓刑二年，并处罚金人民币 20 万元。

二、企业合规整改情况及效果

一是强化事先审查，确保个人犯罪中企业合规开展必要性。案件办理期间，K 公司提出王某某被羁押造成公司业务陷入停滞，主动作出合规经营承诺。市检二分院向 K 公司负责人、投资人及合作伙伴多方核实，调取企业项目资质、决策会议记录等证明材料，了解到 K 公司正处于从生产制造模式向产融运营模式转型的关键阶段，王某某长期负责战略规划、投融资等工作，因其羁押已造成多个投融资和招商项目搁浅，导致涉 10 亿元投资的产业园项目停滞，王某某对企业当下的正常经营和持续发展确有重要作用。市检二分院综合考虑犯罪情节、案件查证情况及王某某认罪认罚意愿，及时回应企业需求，变更王某某强制措施为取保候审。同时，鉴于 K 公司具有良好发展前景，且有合规建设意愿，检察机关经审查评估犯罪行为危害、个人态度、履职影响及整改必要性等因素，于 2021 年 9 月 8 日启动企业合规工作。

二是找准合规风险点，精准提出检察建议。市检二分院结合案件审查情况，在 K 公司保密制度缺失、人员保密意识淡薄等表象问题外，挖掘出治理结构风险、经营决策风险、制度运行漏洞以及外部关联公司风险等多项深层次合规风险，为制发精准有效的合规整改检察建议奠定基础。2021 年 10 月 11 日，针对投资参股型企业经营特点，检察机关向 K 公司制发检察建议书，建议 K 公司及其必要的关联公司、子公司共同整改，同步建立资本运作信息保密专项制度，并通过调整治理结构、配备责任主体、规范工作程序、加强员工培训等管控措施保障制度落实。

三是及时启动第三方监督评估机制，监督引导企业进行专项整改。为进一步实现检察建议具体化、可行化和专业化落地，确保企业合规整改取得实效，市检二分院决定适用第三方监督评估机制，监督、引导涉案企业进行合规整改。第三方组织对照检察建议，在尽职调查基础上，根据股权控制关系、业务关联程度、管理层交叉任职情况等因素筛选出三家重要子公司同步参加整改，以合规风险自查清单形式引导企业逐员、逐部门排查合规风险点并作出具体整改承诺，以监管清单的形式对企业合规计划提出专业性意见。在第三方组织监督、引导下，K 公司制定了涵盖组织体系、保密对象、制度重建、运行保障、意识文化以及主体延伸等多个层面的信息保密专项合规计划，并聘请专业合规团队辅导公司逐项完成，规范配置经营决策权，建立体系化信息保密管理和考核制度，新设合规管理责任部门，实现合规管理流程全覆盖，组织开展了辐射内部员工、关联公司以及产业园区企业的专项培训。

四是注重多措并施，确保合规审查结果科学公正。2021 年 12 月 20 日，经过两个月合规考察，第三方组织参照检察建议和相关合规指引对 K 公司整改情况进行评价。针对此次专项合规整改特点，量身定制了包括检察建议完成情况、合规方案、合规文化培育等 12 个模块 65 项评价要素的评价体系，将企业合规整改工作逐项拆解评分，再累加汇总，最终第三方组织认为 K 公司整改效果达到良好等级，并出具了合规考察报告。2021 年 12 月 23 日，市检二分院邀请多位合规领域专家学者作为听证员举行听证会进行公开验收，听证员认真听取合规工作各参与主体介绍涉案企业整改情况，追问评估考察方式、合规责任主体、合规经费投入等细节问题，并在经过闭门评议后发表听证意见，一致同意通过 K 公司合规整改验收。

2022 年 5 月，K 公司完成整改以来，产业园项目已顺利竣工等待验收，王某某主导的约 2000 万的投资和基金项目均已按照新规章制度稳步推进。

三、典型意义

1. 积极稳妥探索可能判处较重刑罚案件适用合规改革的全流程办案机制。本案中犯罪嫌疑人可能判处三年以上有期徒刑，但在涉案企业的经营活动中具有难以替代的作用，简单化起诉、判刑不利于涉案企业正常经营发展，且企业具有强烈的合规意愿。检察机关在侦查、起诉与审判三个主要程序环节上均充分利用了合规工作的有效措施，通过在侦查程序中慎重采取强制措施、在审查起诉环节督促开展专项合规整改、起诉后基于合规整改情况提出宽缓的量刑建议，融通了三个主要程序环节中的合规工作，对可能判处较重刑罚案件如何适用合规改革作出有益探索。

2. 充分发挥检察机关的职能优势，探索检察机关全流程主导的合规路径。检察机关多措并举进行合理安排、科学衔接、有效配置，积极实践"检察建议宏观把控＋检察主导第三方考察＋检察听证事后监督"的企业合规路径。一方面借助案件审查和检察建议调查程序，深入挖掘犯罪成因，避免"头痛医头，脚痛医脚"式合规；另一方面积极推动检察建议与第三方监督评估相互融通，并通过第三方组织《工作周报》《定期书面报告》等联系机制动态掌握整改进程，及时解决整改问题；此外，在整改结束后向第三方组织和专家学者借智借力，以第三方组织量化式评估验收确保评价体系公开透明，以公开听证展示合规依法公正。

3. 因案施治，依托专项合规推动民营企业完善法人治理结构。本案虽是针对泄露内幕信息和内幕交易犯罪案件开展的专项合规，但检察机关发现并通过第三方组织调查了解到，K公司存在家族式治理、关键人控制、实际决策人与职权分离等民营企业常见的内控失调现象，如脱离个案的特殊情况片面开展专项合规势必不能取得良好效果。为此，检察机关决定以内幕信息保密合规为契机，推动涉案企业向现代企业法人治理结构积极转变，为企业的健康发展打牢法治根基。

4. 依托涉案企业合规改革试点，强化资本市场非上市公司内幕信息保密合规管理，涵养资本市场法治生态。资本市场是信息市场与信心市场，健全内幕信息保密合规管理，是提振投资信心的重要体现。但内幕交易案件暴露出企业内幕信息保密管理缺失会引起内幕信息泄密风险，诱发内幕交易，在扰乱证券市场秩序的同时，侵害了广大投资者的合法权益。尤其是作为上市公司交易对方的非上市公司，在行政监管相对薄弱的情况下，更应该加强自身合规管理。该案作为全国首例开展涉案企业合规工作的证券犯罪案件，检察机关坚持惩治犯罪与助力维护资本市场秩序并重，依托涉案企业合规改革积极推动资本市场非上市公司更新合规理念，对标上市公司健全自身合规管理体系，培养全链条合规意识，将外部监管类规定内化为自律合规要求，提高资本运作规范化水平，助力营造资本市场良好法治环境。

【案例 9-2】　海南文昌市 S 公司、翁某某掩饰、隐瞒犯罪所得案

［要旨］

非试点地区严格按照法律规定和企业合规改革的精神，在本地选择符合条件的涉案高新技术民营企业开展企业合规考察。结合案发原因指导企业制定切实可行的合规计划，根据地方实际，推动第三方监督评估机制规范运行。企业合规整改结束后，检察机关组织公开听证，综合考虑案情及合规考察效果，对涉案企业及责任人依法提起公诉，并提出轻缓量刑建议。

一、基本案情

海南省文昌市 S 科技开发有限公司（以下简称 S 公司）系当地高新技术民营企业，翁某某系该公司厂长。

2015 年至 2016 年期间，张某某（另案处理）在海南省文昌市翁田镇某处实施非法采矿，经张某某雇请的王某某（另案处理）联系，将采挖的石英砂出售给 S 公司。S 公司厂长翁某某为解决生产原料来源问题，在明知石英砂为非法采挖的情况下，仍予以收购，共计 3.69 万吨。随后，翁某某安排公司财务部门通过公司员工陈某某及翁某某个人账户，将购砂款转账支付给王某某，王某某再将钱取出交给张某某。经审计，S 公司支付石英砂款共计 125 万余元。

2020 年 2 月，文昌市公安局在侦查张某某涉恶犯罪团伙案件时，发现翁某某涉嫌掩饰、隐瞒犯罪所得犯罪线索。2021 年 1 月，翁某某经公安机关传唤到案后，如实供述犯罪事实，自愿认罪认罚。2021 年 2 月，文昌市公安局以翁某某涉嫌掩饰、隐瞒犯罪所得罪移送文昌市检察院审查起诉。检察机关经审查，以涉嫌掩饰、隐瞒犯罪所得罪追加 S 公司为被告单位。

二、企业合规整改情况及效果

一是认真审查启动企业合规。检察机关经审查了解，S公司、翁某某涉嫌掩饰、隐瞒犯罪所得罪，反映出该公司及其管理人员过度关注生产效益，片面追求经济利益，法律意识较为淡薄。S公司系高新技术民营企业，生产的产品广泛应用于航天、新能源、芯片等领域，曾荣获全国优秀民营科技企业创新奖，现有员工80余人，年产值2000余万元。2021年3月，经S公司申请，检察机关启动合规整改程序，要求该公司对自身存在的管理漏洞进行全面自查并开展合规整改。2021年4月，S公司提交了合规整改承诺书，由公司董事会审核通过，并经检察机关审查同意，企业按照要求进行合规整改。

二是扎实开展第三方监督评估。2021年7月，由文昌市自然资源和规划局、市场监督管理局、税务局、综合行政执法局、工商联等单位的相关人员以及人大代表、政协委员、律师代表等组成的第三方监督评估组织，对S公司合规整改情况进行评估验收。2021年8月，第三方监督评估组织出具评估验收报告，认为S公司已经按照要求进行合规整改，建立了较为完善的内部控制和管理机制，可以对类似的刑事合规风险进行识别并有效预防违法犯罪。检察机关就S公司是否符合从宽处理条件及案发后合规整改评估情况举行公开听证会，充分听取人大代表、政协委员、律师代表和相关行政部门负责人的意见，还邀请人民监督员参加，全程接受监督。听证会上，听证员、人民监督员一致同意检察机关对S公司和翁某某的从宽处理意见，同时认可该企业的整改结果。

三是综合考虑提出轻缓量刑建议。2021年9月，文昌市检察院根据案情，结合企业合规整改情况，以S公司、翁某某涉嫌掩饰、隐瞒犯罪所得罪依法提起公诉，并提出轻缓量刑建议。2021年11月，文昌市法院采纳检察机关全部量刑建议，以掩饰、隐瞒犯罪所得罪分别判处被告单位 S 公司罚金 3 万元；被告人翁某某有期徒刑一年，缓刑一年六个月，并处罚金人民币 1 万元；退缴的赃款 125 万余元予以没收，上缴国库。判决已生效。

三、典型意义

1. 非试点地区在法律框架内积极开展企业合规改革相关工作。文昌市检察院充分认识开展涉案企业合规改革工作的重大意义，作为非试点地区积极主动作为，全面梳理排查 2020 年以来受理的涉企刑事案件，建立涉企案件台账，通过严把企业合规案件的条件和范围，精心选定开展企业合规改革工作的重点案件。

2. 结合案发原因，指导企业制定切实可行的合规计划。检察机关经审查认为，S 公司在合规经营方面主要存在两个方面的明显漏洞，一方面是合同签订履行存在违法风险，另一方面是财务管理存在违规漏洞。有鉴于此，有针对性地指导企业重点围绕建立健全内部监督管理制度进行整改，督促企业在业务审批流程中增加合规性审查环节，建立起业务流程审批—法律事务审核（合规性审查）—资金收支规范—集团公司审计等四个方面全流程监管体系，有效防控无书面合同交易、坐支现金等突出问题。

3. 根据本地实际，推动第三方监督评估机制规范运行。作为非试点地区，检察机关商请当地自然资源和规划局、市场监督管理局、税务局、综合行政执法局、工商联等单位的业务骨干以及人大代表、律师代表组成第三方组织对 S 公司合规整改情况进行评估验收，评估方式包括召开座谈会、查阅公司资料和台账、对经营场所检查走访等。各方面专业人员在此基础上结合各自职责范围出具评估验收报告，督促涉案企业履行合规承诺，促进企业合规经营。

4.充分履行检察职能，确保合规工作取得实效。本案中，检察机关结合办案发现、研判企业管理制度上的漏洞，向涉案企业制发检察建议，有针对性地指出问题，提出整改建议要求，督促涉案企业履行合规承诺。同时，还派员不定期走访S公司及相关单位，持续对合规整改进行跟踪检查并提出意见建议。整改完成后，及时公开听证，做到"能听证，尽听证"。目前，S公司在合规整改完成后，已妥善解决生产原料来源问题，经营状况良好。

三、涉案企业争取不起诉决定的相关工作

律师的职责包括参与涉案企业合规整改工作、负责对接第三方组织、对接检察机关。律师最了解合规整改进程及要求，在第三方组织对企业合规整改工作现场验收完成后，检察机关作出是否起诉决定前，由检察机关主导，由涉案企业及其律师、第三方组织、人大代表、政协委员、人民监督员、相关行业专家等社会人士参加听证会后，检察机关根据听证会情况，综合决定对涉案企业作出起诉或不起诉处理。在检察机关作出处理决定前，律师需要及时衔接第三方组织、检察机关，视情况提供合规整改、整改社会效果的补充资料，争取检察机关对涉案企业作出不起诉处理，为此涉案企业需要完成以下工作。

1.将合规整改的证据资料汇编成册，分别提交第三方组织和检察机关。在第三方组织、检察机关认为合规整改需要补充证据资料时，或者对合规整改存在疑惑时，企业应当及时提供补充证据或主动提交证据资料，争取检察机关对涉案企业作出不起诉处理。

2.涉案企业需要推举表达能力强的负责人与律师一起参加听证会，全面陈述合规整改计划及其实施情况，回答检察机关及与会人员的提问，回答问题需要客观、全面。

3.第三方组织现场验收后，涉案企业仍须保持合规经营、运行风险控制等内部控制机制，随时迎接第三方组织、检察机关、第三方组织管理监督机构的突击检查。

【办案心得】

涉案企业合规整改第三方组织现场验收后，企业及其律师都松了一口气。但时隔近一个月，第三方组织又来突击检查，结果在突击检查中不合格，涉案企业合规整改功亏一篑，被检察机关以起诉处理结案。此类教训，希望引起涉案企业及律师的高度重视。

四、相关文书参考样式

感 谢 信

尊敬的第三方专家组：

你们好！

×××公司（以下简称公司）的合规整改已经初见成效，公司特此向第三方专家组给予的支持、指导、监督表示由衷的感谢。

公司自××年××月复工复产、进入合规整改以来，在第三方专家组的全力支持与指导下，认真反思了自身经营管理上存在的重大问题，专门设立了合规委员会，制定了一系列的公司合规制度，加强了公司管理层的合规培训，完善了公司产品原材料采购、加工、质检、出厂具体操作流程，使得合规整改深入了公司日常生产经营，最大限度地防范了公司所面临的法律风险，对此公司表示万分感激！

感谢第三方专家组对公司的信任、关心、辛勤付出，公司一定会珍惜这一次来之不易的重生机会，努力做大做强，持续为社会主义市场经济做贡献。

此致

敬礼！

×××公司

××××年×月×日

感 谢 信

尊敬的×××检察院：

你们好！

×××公司（以下简称公司）的合规整改已经初见成效，公司特此向×××检察院给予的支持、指导、监督表示由衷的感谢。

公司自××年××月复工复产、进入合规整改以来，在×××检察院的全力支持与指导下，认真反思了自身经营管理上存在的问题，专门设立了合规委员会，制订了一系列的公司合规制度，加强了公司管理层的合规培训，完善了公司产品原材料采购、加工、质检、出厂具体操作流程，使得合规整改深入了公司日常生产经营中，最大限度地防范了公司所面临的法律风险，对此公司表示万分感激！

感谢×××检察院对公司的信任、关心、辛勤付出，×××公司一定会珍惜这一次来之不易的重生机会，努力做大做强，持续为社会主义市场经济做贡献。

　　此致

　　敬礼！

×××公司

××××年×月×日

附录　涉案企业合规相关司法文件汇总

1. 中国标准化研究院于 2017 年 2 月发布的《关于对〈合规管理体系指南〉国家标准征求意见的函》；于 2021 年 10 月发布《关于对国家标准〈合规管理体系要求及使用指南〉征求意见的函》。

2. 中国证券业协会于 2017 年 9 月发布的《证券公司合规管理实施指引》。

3. 国务院国有资产监督管理委员会于 2018 年 11 月发布的《中央企业合规管理指引（试行）》。

4. 国家发展和改革委员会、外交部、商务部、中国人民银行、国务院国有资产监督管理委员会、国家外汇管理局、中华全国工商业联合会于 2018 年 12 月发布的《企业境外经营合规管理指引》。

5. 国务院反垄断委员会于 2020 年 9 月发布的《经营者反垄断合规指南》。

6. 最高人民检察院于 2021 年 3 月发布的《关于开展企业合规改革试点工作方案》。

7. 最高人民检察院、司法部、财政部、生态环境部、国务院国有资产监督管理委员会、国家税务总局、国家市场监督管理总局、中华全国工商业联合会、中国国际贸易促进委员会于 2021 年 6 月发布的《关于建立涉案企业合规第三方监督评估机制的指导意见（试行）》。

8. 国务院国有资产监督管理委员会于 2021 年 10 月发布的《关于进一步深化法治央企建设的意见》。

9. 国家市场监督管理总局于 2021 年 11 月发布的《企业境外反垄断合规指引》。

10. 司法部于 2021 年 12 月发布的《司法部办公厅关于加强公司律师参与企业合规管理工作的通知》。

11. 九部委①于 2021 年 6 月发布的《〈关于建立涉案企业合规第三方监督评估机制的指导意见（试行）〉实施细则》。

12. 中华全国工商业联合会于 2022 年 1 月发布的《涉案企业合规第三方监督评估机制专业人员选任管理办法（试行）》。

13. 中华全国工商业联合会办公厅、最高人民检察院办公厅、司法部办公厅、财政部办公厅、生态环境部办公厅、国务院国有资产监督管理委员会办公厅、国家税务总局办公厅、国家市场监督管理总局办公厅、中国国际贸易促进委员会办公室于 2022 年 4 月发布的《涉案企业合规建设、评估和审查办法（试行）》。

14. 国务院国有资产监管管理委员会于 2022 年 8 月发布的《中央企业合规管理办法》。

---

① 九部委具体指最高人民检察院、司法部、财政部、生态环境部、国务院国有资产监督管理委员会、国家税务总局、国家市场监督管理总局、全国工商联、中国国际贸易促进委员会。——编者注